노후를 준비하는 삶

노후를 준비하는 삶

허경태 지음

나이는 들어도 늘
필요한 사람으로 남아야 한다

렛츠북

책/머/리/에

노후를 아름답고 행복하게

젊을 때는 희망을 꿈꾸고, 나이가 들면 추억을 그린다. 그러나 나이가 들어도 추억 속에만 묻혀 있어서는 안 된다. 살아온 시간이 길수록 과거 속에 갇히기 쉽다.

과거는 미래를 삼키는 동굴이 아니라 미래를 밝히는 등불이 되어야 한다. 꿈을 상실하면 과거에 집착하게 된다. 인생은 외롭고 고달프다. 그러나 불행했던 과거는 잊어버리고 행복했던 과거를 기억하며 새로운 미래를 설계하는 것이 행복의 길이다.

우리의 삶은 어떤 꿈의 그릇에 담느냐에 따라 모양이 달라진다. 꿈을 담는 그릇은 작은 것보다 큰 것이 좋다. 못난 그릇보다는 아름다운 그릇이 더 좋다.

비록 나이 들어 육체는 쇠퇴했으나 정신은 아름답게 채워야 한다. 꿈의 크기에 따라 삶의 열정이 달라진다. 꿈과 현실은 밤낮과 같다. 낮에는 해가 비춰 밝은 세상이지만 밤엔 어두워 캄캄하다. 사람들은 잠을 자다가 이따금 꿈을 꾼다. 그 꿈은 자신의 소원과 희망에 따라 이루어지기도 하고 몽상으로 끝나기도 한다. 꿈꾸는 자는 나이가 들지 않는다.

프랑스의 소설가이자 정치가인 앙드레 말로는 "오랫동안 꿈을 그리는 사람은 마침내 그 꿈을 닮아간다"고 했다. 마음속에 선한 것을 담으면 자신의 운명도 선하게 결정된다는 것을 잊어서는 안 된다.

선하게, 즐겁게, 부지런하게 살다 보면 서산에 해가 질 때의 황홀한 노을이 비치게 된다. 그것이 인생이요 꿈이다. 모든 사람이 꿈을 꾸는 하루가 되기를 소망한다.

백의의 천사로 알려진 나이팅게일은 "주어진 삶을 살아라. 삶은 멋진 선물이다. 거기에 사소한 것은 아무것도 없다"는 말을 남겼다. 삶의 암초를 만나는 일은 우리가 살아가면서 언제, 어느 곳에 있건, 나이에 상관없이 어느 지점에서든 반드시 일어난다. 그러나 좌초되지 않고 살아남아 다시 항해를 계속할 수 있어야 한다.

그러기 위해서는 언제 어느 곳에 있건 곁에 필요한 사람이 되어야 한다. 가정과 직장, 사회에서 은퇴해도 자기의 할 일이 있어야 하고, 또 일을 찾아서 하려는 의욕이 있어야 한다. 이것은 단순한 욕심이 아니라 인간이 동물이기 때문에 늙어서도 움직여야 한다. 못 움직이면 죽는다. 사람은 세상 어디에도 필요로 하지 않은 곳이 없다. 하지만 스스로 '나는 세상이 필요로 하지 않는다'고 단정해 버리면 설 곳이 없어진다. 의식이 있는 한, 어엿한 사회의 일원으로서 제구실을 하고 있다는 것을 느끼는 게 필요하다.

고요한 밤 책상 앞에 글을 쓸 때도 내가 쓴 글이 세상에 나왔을 때 나의 생각을 공유하고 읽어 줄 누군가를 생각하면서 힘겨운 일도 즐겁기만 하다.

일이 주는 희로애락은 그것이 말 그대로 기쁨이든 슬픔이든 간에 각자의 감정에 진폭을 만들어 생생하게 살아 있는 자신을 느끼게 해준다. 그러므로 글 쓰는 사람은 노트북을 펼쳐놓고 새벽을 깨우고 자신을 깨우는 것이다. 시간이 흐른다 해도 각자가 할 일은 있기 때문에 사회가 필요로 하는 사람이라는 것을 잊어서는 안 된다. 일상의 모든 어려움은 시간이 해결하므로 제아무리 가기 싫어도 가야 할 때는 가야 한다.

부귀와 영화를 누린다 해도 세월은 사람을 그대로 두지 않는다. 그렇기에 어리석은 생각은 버려야 한다. 나이는 들어도 늘 필요한 사람으로 남아야 한다. 날이 새면 창문을 열고 맑은 바람을 쐬고, 창 밖에 내리는 빗줄기를 바라보면서 지난날을 회상하기도 하면서 말이다.

생명이 있는 존재는 모두가 제 역할이 있다. 노후를 아름답고 행복하게 보내기 위해서는 먼저 자신을 사랑하며, 어느 곳에 있더라도 사회에 필요한 일원이 되도록 항시 준비하는 삶을 살아야 한다.

2024년 7월
愛竹軒山房에서
허경태

목차

004 책머리에 _ 노후를 아름답고 행복하게

제1장 삶에서 배우다

012 잠시 머물다 가는 것이 인생이다
015 내 인생의 봄날은 지금
020 〈포항의 근대 사진작가 박원식展〉을 다녀와서
024 세상의 모든 존재 사이를 연결하는 시간의 미학
028 伯山 선생님 생각
032 일요일 하루를 걷다
036 부처님 오신 날 만난 좋은 인연
040 만남, 그 소중한 인연을 생각하며
043 한국의 탈춤 세계문화유산 등재의 의미
046 고전과 역사를 읽어라
050 대한의 아들, 손흥민 선수 파이팅
054 자신의 걸음으로 쉬지 말고 걷자
058 포항시와 포항시민, 포스코가 사는 길
063 오래 걸을 수 있는 사람
067 카페 '고호'와 흰 강아지 '팔이' 생각
073 노후를 준비하는 삶

077	살아있는 동안 부끄럽지 않은 삶을 살겠다
082	신축년 달력을 떼면서
086	한 해의 끝자락에서
089	신축년, 한 해가 다 가기 전에
094	또 한 해를 보내며
099	착한 사람을 인정하고 존경하는 사회
102	걷기에 좋은 산길, 구룡포 청소년수련원 뒷산
106	행복은 지혜로운 삶을 영위하는 것
110	기부문화, 투명성 확보와 자발적 선행 분위기 조성을
114	정부는 아동학대 대책 빨리 세워야 한다
118	구룡포 강사리 매화구경
123	모든 나뭇잎이 꽃이 되는 두 번째 봄, 가을날에
128	8월의 영웅, 학도병 정신을 이어가자

제2장 산에서 배우다

132	여름 사랑산, 용추계곡에 빠지다
140	팔월 불볕에 구만산(九萬山)을 오르다
145	경주 남산, 열암곡 마애부처님을 만나다
150	궂은 날씨가 고마운 날, 운문산을 오르며
158	비 온 다음 날 남산에 오르다
166	비 내리는 주말, 남산을 다시 오르며
172	봄비를 맞으며 남산을 거닐다
178	최고의 여행지, 울릉의 속살을 만나다(1)

183	최고의 여행지, 울릉의 속살을 만나다(2)
190	최고의 여행지, 울릉의 속살을 만나다(3)
196	꽃길을 걸으며 운문산 상운암에 오르다
203	울진 백암산(白巖山)을 다녀와서
209	겨울의 끝자락, 남산 금오봉을 오르다
215	대둔산, 뭉게구름 아래 산그리메가 아름다운
223	남산 용장곡에서 하루를 보내다
229	덕유산 향적봉, 내 마음을 사로잡다
236	설 연휴, 운문산 정상에 서다
243	겨울비 내리는 남산, 고위봉을 오르며(1)
248	겨울비 내리는 남산, 고위봉을 오르며(2)
253	새해 첫 주, 미녀봉(美女峰)과 오도산(吾道山)을 오르다
260	미륵산과 연화산을 다녀와서
267	남해 금산(錦山)을 가다
273	설국 울릉, 성인봉에 빠지다
279	신축년 첫 산행, 太白山을 다녀와서
283	봄의 정취를 안겨준 진해 웅산
286	맺는말 _ 독자들께 감사드리며

제1장

삶에서 배우다

잠시 머물다 가는 것이 인생이다

- 2023.06.27 -

　새벽 4시 30분, 누가 깨우지 않아도 습관적으로 눈을 뜬다. 먼저 세수를 하고 서재에 들어가 전등을 켜고 컴퓨터를 켠다. 오랜 습관이다. 컴퓨터가 작동되면 이메일을 열고 내용을 확인한다. 다음은 지역 일간신문과 중앙 일간신문을 대충 훑어보고 나서 부학산에 오르기 위해 집을 나선다.

　두어 시간 아침 등산을 하고 나서 샤워를 한 후, 간단히 조반을 끝내고 출근을 하면 하루가 즐거워진다.

　지난 4월, 지역 일간지 편집국장 겸 임원으로 근무하다가 잠시 쉬기로 했다. 신문 만드는 일은 혼자서 할 수 있는 것이 아니었기에 후배 기자들과 서로 머리를 맞대고 의논을 하고 각자 맡은 일에 최선을 다했기에 어려웠던 순간들을 잘 극복할 수 있었다.

　사직서를 제출한 후 동료가 왜 그만두려고 하느냐고 물었을 때 "몸과 마음이 너무 지쳐서 쉬고 싶다"고 했다. 자신이 스스로 의식하지 못해도 자연스럽게 나타나는 감정이랄까. 순간 힘들었던 지난 시간이 주마등처럼 스쳐 지나갔다.

우리는 누군가의 물건을 오랫동안 빌려 쓰고 나면 처음부터 내 것인 줄 착각하게 된다. 신문사 편집국장의 자리도 내가 빌려 쓰다가 되돌려준 것일 뿐 원래부터 내 것은 아니었기에 미련은 남지 않았다. 단지 시원섭섭했을 뿐이었다. 겨울이 가고 봄이 오면 추위를 지켜 주었던 곁에 둔 전기난로를 치우는 그런 기분이었다고나 할까.

잠시 머물다 가는 것이 인생이라는 것을 누구나 알고 있지만, 사람들은 천 년 만 년 살 것처럼 소유하며 살려고 한다. 우리의 삶은 모든 것들을 잠시 빌려서 쓰고 가는 것으로 원래 내 것이라고는 없다. 가까운 이들과 더불어 살아갈 때 우리의 삶은 더 인간적이고 아름다울 수 있다.

일을 쉬면서 몸과 마음을 추스르기 위해 회사로 출근하는 대신 이른 아침 부학산을 오르다 보면 생각이 많아진다. 그러나 중요한 것은 꺾이지 않는 마음과 가족 간의 사랑을 유지하는 것이다.

먹고 살기 위해 허겁지겁 닥치는 대로 일상에 매몰되어 살다 보면 진짜 소중한 것을 놓치고 살아가기가 쉽다. 그렇기에 가까이에 있는 소중한 것을 잘 살피며 살아야 한다.

빈손으로 왔다가 빈손으로 가는 것이 인생이라는 것을 누구나 알고 있다. 그런데도 사람의 욕심은 끝이 없다. 가족과 재산, 직장,

생명까지도 그렇다. 그러나 생명의 유한함 속에서 아무리 욕심을 낸다 해도 영원히 내 것은 없다.

그렇기에 각자의 몸과 마음을 소중히 하고 시간을 낭비하지 말아야 한다. 사랑하는 가족에게는 언제나 최선을 다하고 가진 것이 많지 않아도 내 곁에 있는 사람들에게 나눔을 베풀어야 한다.

비록 쉬는 처지이지만 지금부터라도 내가 가진 모든 것에 대해 욕심부리지 않고 내 곁에 있는 소중한 사람들에게 따뜻한 사랑을 전하며 살아야겠다는 생각을 가져본다.

내 인생의 봄날은 지금

- 2023.06.18 -

나는 개인적으로 인생을 전·중·후반기로 나눈다. 전반기는 40세까지, 중반기는 70세까지, 나머지 시간은 후반기로 본다. 100세 시대에 맞게 우리의 인생 설계도 달라져야 한다는 것이 내 생각이다.

인생의 중반기에 있는 나는 지금이 내 인생의 봄날이라는 생각이 든다. 자식들은 성인이 되었고, 치열하게 경쟁하며 살던 삶의 현장에서도 잠시 벗어난 이제는 조금씩 쉬면서 살아갈 수 있는 정신적 여유가 생겼다.

사람에 따라 상황은 달라질 수 있지만, 그동안 살아왔던 삶을 되돌아보고, 자신에게 닥친 상황을 반전시킬 수 있는 재충전의 시간을 얻은 것이다. 재충전 후에는 새롭게 나를 넘어서는 새로운 기회가 기다리고 있다.

인생을 살다 보면 누구에게나 기회가 주어진다. 하지만 기회는 그냥 주어지지 않는다. 주어진 시간과 공간 속에서 준비하며 기다린 자만 가질 수 있는 선물 같은 것이다. 사람은 사람을 통해서 기회를 얻는다. 그 기회는 결국 타인과의 관계를 어떻게 맺느냐에 있다.

현재 나는 시인, 작가, 저술가, 칼럼니스트, 인문학 강사라는 직업에다 한 가정의 가장이기도 하다. 또 지역 일간신문 편집주간 겸 대기자라는 직함도 가졌다. 작가라는 직업으로 나에 의해 구성된 이야기는 나만이 가지는 세계의 진실성을 방영할 뿐이다. 그것은 타자의 세계를 재단하는 기준이 될 수 없고, 세계 전체를 기술하는 보편적 진리가 될 수도 없다.

말과 글은 오해의 소지가 많다. 오해를 줄이기 위해 나름대로 노하우를 사용한다. 사람마다 갖고 있는 노하우는 천차만별일 테지만, 이를 단순화시키면 언어의 한계를 극복하는 방법은 두 가지 방향으로 나아간다. 그것은 언어의 양을 늘리는 것과 줄이는 것이다.

말과 글, 이것이 정교하게 손질되었을 때는 가치 있는 결과물로 나타난다. 즉, 언어의 양적 증가가 끝에 닿았을 때는 책이 되고, 양적 감소가 끝에 닿았을 때는 시가 되는 것이다.

책과 시는 상반된 방향으로 나가지만 타인의 내면에 정교하게 다가갈 수 있게 한다는 점에서 신비하고 독특한 도구이자 매개물이라고 할 수 있다.

언어의 불완전성, 언어의 태생적 한계. 어쩌면 이러한 부족함이 자유와 즐거움의 본질인지도 모른다. 우리가 책과 시를 읽는 이유,

그것이 나를 자유롭게 하고 즐겁게 한다. 이는 저자의 생각이 오롯이 나에게 주입되는 것이 아니라 내가 그것에 개입하고 재해석해 의미를 부여하기 때문일 것이다.

독서를 위한 최소한의 조건은 선 체험이다. 우리가 책에서 무언가를 배운다고 생각하지만 실제로는 그 반대다. 우리가 앞서 한 경험이 책을 통해 정리되고 이해될 뿐이다. 일례로 아이들에게는 《어린왕자》가 단순한 동화겠지만, 인생의 경험이 쌓인 어른에게는 '사랑과 연애에 대한 이야기'이다. 이렇듯 이해 앞에는 언제나 경험이 있다. 그 반대일 수는 없다.

다시 내 이야기로 돌아가면, 만 20세까지 나는 가난한 농사꾼 아들이었다. 학창시절에는 책을 좋아하는 소년이었다. 중학교를 졸업한 후에 어려운 가정형편 때문에 또래들과 같이 고교진학을 하지 못했다. 대신 공사장 허드렛일과 생명보험회사 사환으로 돈벌이해서 1년 후 고교생이 되었다. 졸업 후에는 지방행정공무원 시험에 합격해 야간대학을 마치고 만 40세까지 공직생활을 하다가 사무관으로 명예퇴직했다.

불혹의 나이가 되기까지 20대에는 햇병아리 공무원으로 일하면서 틈틈이 시를 쓰는 시인으로 활동해 시집 《이조여인》, 《시인은 죽어서 바다가 된다》를 출간했다. 30대에는 중견 공무원으로 일하면서 결혼도 하고 두 자식을 낳아 가장이 되었다.

인생 중반기 초입인 만 40세에 공무원을 사직하고 논술학원을 운영하면서 천자문, 천고담, 사서삼경 등 동양 고전을 공부했다. 학원 운영을 접은 뒤에는 고대학원, 대성N학원 대표 강사로 일하면서 지역신문에 사설과 칼럼을 꾸준히 썼다.

50대, 부모님이 모두 타계하신 후에는 언론사에 몸을 담았다. 시사코리아저널 선임기자, 경상타임즈, 대경일보, 경상매일신문 편집국장으로 일하면서 건강 유지를 위해 주말마다 국내외 등산을 8년여간 다니면서 산꾼이 다 되었다.

학원 강사 시절에는 도서관에서 매일 책을 읽고 글을 썼다. 그 결실로 2015년 《고전오락-고전에서 얻는 다섯 가지 즐거움》을 출간해서 한 달 만에 주간 베스트셀러에 오르기도 했다.

이어 2016년 11월 《세상 사는 이치》, 2017년 《흰 고독의 순간이 찾아올 때》, 2018년 《쉬지 않고 표현해야 사랑이다》, 《정신문화의 원류, 서원을 찾아서1·2》, 2020년 《행복한 이기주의자》, 2021년 《가진 자가 먼저 약자와 손잡는 사회》, 《행복한 삶을 위한 讀한 선물》을 출간했다. 산문집과 칼럼집, 서평집, 인문고전서 등 매년 책 1권씩 출간하며 작가로 완전히 자리 잡았다.

인생 중반, 인생 최고의 봄날은 지금인데 놀 시간이 많지 않다는 생각이 든다. 일기 속에만 적혀 숨도 못 쉬고 있는 생각들과 버킷 리스트를 하나씩 실천하려면 건강과 시간, 금전, 열정이 남아 있어야 한다.

기회가 주어진다면 3개월 동안 카미노 코스를 종주하려고 한다. 종주가 끝나면 일상적이고 소소한 일에도 관심을 갖고 예술모임에 참여할 생각도 하고 있다. 또한, 그동안 보잘것없고, 미미하다고 생각했던 것들에게도 눈길을 주며 살아가고 싶다. 이 밖에도 다양한 분야의 책 50권을 출간하고, 평일에는 부학산, 토요일은 전국 국내 명산을 쉬지 않고 꾸준히 오르고 싶다.

70세 이후에는 자서전 집필, 살아온 삶 정리, 부부간 행복한 시간 보내기로 인생 후반기를 마무리하려고 한다. 내가 바라보는 세상은 아직도 눈부시게 아름답다.

유월의 따스한 햇살과 바람, 천지를 푸르게 뒤덮은 초록들의 향연. 그러다 어느 날, 초록이 진 그 자리에서 튼실한 열매가 맺을 것이다. 우리네 인생도 마찬가지일 것이다.

누구에게나 주어진 한 번뿐인 삶, 삶은 자신이 만들어나가는 것이다. 물론 운칠기삼을 무시할 수는 없겠지만.

<포항의 근대 사진작가 박원식展>을 다녀와서
- 2023.06.15 -

지난 주말에는 평소 가까이 지내는 후배 최복룡 화가와 꿈틀로 문화예술가 창작지구 내 다락방 미술관을 찾았다. <포항 근대 사진작가 박원식展>을 보기 위해서였다.

오전 11시 30분 전시장에 도착하니 후배가 먼저와 있었다. 사람이 살지 않는 빈집을 개조해 1층은 젊은 예술가들의 작업실로 이용하고 있었다. 마당을 지나 귀퉁이 좁은 계단을 따라 2층으로 올라가니 전시장이었다.

전시장에 들어서니 박경숙 관장이 반갑게 맞아줬다. 꿈틀로에 다락방 미술관이 있다는 이야기는 듣고 있었지만, 방문은 처음이었다.

사진작가 박원식(1924년생)은 포항 사진예술사 초기에 씨앗을 파종한 분으로 열정적인 작품활동과 왕성한 단체활동으로 지역의 사진예술 발전에 많은 역할을 했다. 박원식 작가는 또 다른 사진작가 박영달과 함께 1954년 포항사우회와 1965년 포항사진협회를 창립했고, 3번이나 지부장을 맡아 지역 사진 예술계를 지키며 활성화하는데 열정과 혼신의 힘을 다했다. 그 공로로 포항 사진예술의 선각자라는 호칭을 얻었다.

그는 2003년 포항 사진인들의 뜻을 모아 대백갤러리에서 처음이자 마지막 전시회를 가졌는데, 젊은 시절 작업했던 필름들이 관리 소홀로 완전히 망가진 상태였지만 일부를 어렵게 복원해서 연 전시회였다고 한다.

박경숙 관장은 "박원식 작가가 2008년 9월 타계한 이후, 이 자료들마저 완전히 소실되었다는 소문이 나돌았다. 다행히 일부 사진 및 회화 작품과 함께 소량의 아카이브 자료, 카메라 등이 보관되어 있다는 정보를 얻어 그를 재조명하는 자리를 마련하게 되었다"고 했다.

박원식 작가는 소년 시절 그림에도 소질이 있다는 평을 많이 들었고, 사생대회에 나가 다양한 상을 받았다고 한다. 유년 시절 꾸었던 화가의 꿈은 이후 포항일요화가회에 참여해 뜻을 이루었고 예술적 감각을 사진작품으로 승화시켰다.

필자는 박원식 작가가 생존할 당시 여러 차례 전시장에서 만났고, 행사 후 식당에서 같이 식사를 하기도 했지만, 개인사는 전혀 모르고 있었다.

그의 사진 작품 중 1954년 작 <장기면 계원리>는 당시의 해녀의 모습을 사실적으로 보여주고 있으며, 1968년 작 <소년>은 순수하고도 호기심 어린 눈으로 무언가를 바라보는 생전 작가의 눈빛을 그대로 닮아있었다. 유화 <바다풍경>, 수채화 <계림의 소나무>는 작위적이지 않은 풍경 그대로의 모습을 드러내고 있었다.

소포클레스는 "영원의 눈으로 보면 행복과 불행이 다르게 보인다"고 했다. 그의 말처럼 영원의 시각으로 박원식 작가의 삶을 바라보면, 비록 생전에는 불행하게 살았을 수도 있지만, 영원의 눈으로 보면 성공한 삶이었다고 본다.

화가 빈센트 반 고흐도 생전에는 그의 그림을 알아보는 사람이 아무도 없었다고 한다. 물감을 살 돈이 없을 만큼 힘든 삶이었지만 "인생은 고통의 드라마"라고 말하며 자신의 신념과 열정으로 살았다. 평생 단 1점의 작품만 팔린 채 고독을 안고 처절하게 살았던 위대한 화가는 쓸쓸하게 세상을 떠났다. 그러나 미술애호가들은 그의 삶을 실패라고 말하지 않는다. 불행하게 살았다고 해서 실패한 삶을 살았다고는 할 수는 없기 때문이다.

어쩌면 고흐는 가장 불행했으나 가장 행복했던 화가라고 할 수 있을 것이다. 현재의 삶이 실패처럼 보일지라도 그것이 전부는 아니다.

박원식 작가의 아픔과 고통으로 심어 놓은 사진의 씨앗은 후배들이 거목으로 클 수 있는 자리를 만들어 놓았다. 또한, 가난의 굴레에서 벗어나지 못하고 살면서도 사진예술에 대한 열정 하나로 불모지였던 포항을 위해 평생을 바쳤다.

<포항의 근대 사진작가 박원식展>를 통해 소리 없이 사라질뻔 했던 사진작가의 예술세계와 업적을 늦게나마 재조명할 수 있는 자리를 만든 박경숙 관장의 공로가 크다.

아울러 포항의 사진작가들이 기억하고 해야 할 일은 소리 없이 움직였던 선각자 故 박원식 작가의 뒤를 이어 지역 사진예술의 토양을 더욱 기름지고 풍성하게 가꾸는 일일 것이다.

세상의 모든 존재 사이를 연결하는 시간의 미학

- 2023.06.12 -

　고교 시절부터 사진을 좋아하다가 성인이 되고 나서 본격적인 전업 사진작가로 활동하는 친구한테서 지난주 전화가 왔다. 전화를 받아보니 친구 제자의 사진작품을 보고 시인의 눈으로 본 소감을 글로 적어 달라는 것이었다. 그 친구가 처음 부탁하는 일이라 거절하기도 그렇고 해서 마지못해 승낙했다.

　친구는 그날 바로 사진을 가져와서 전해주고 갔다. 이후 바쁜 일과로 작품을 보지도 못한 채 며칠을 흘려보냈다.

　그런 차에 사진전 시간이 촉박해서 팸플릿을 빨리 만들어야 한다며 소감을 다 썼는지 전화로 물어왔다. 아직 덜 썼다는 말을 하고서 주말까지만 기다려 달라고 했다. 약속한 주말 아침이 되자 부랴부랴 느낀 대로 글을 써서 친구의 메일로 보냈다.

　제목은 <세상의 모든 존재 사이를 연결하는 시간의 미학>, 부제로 '이명숙 사진작가의 작품전에 부쳐'로 정했다. 소감은 평론가의 시각이 아닌 순수한 시인의 눈으로 보고 느낀 대로 쓴 글이었다.

세상의 모든 존재는 서로 연결되어 있다. 결코 혼자가 아니다. 그렇기에 우리 모두는 누군가의 도움과 희생으로 지금을 살고 있다. 감사한 일이다.

누구나 살아가면서 가끔은 위로받고 싶은 날이 있다. 그렇게 위로받고 싶은 날, 우리는 누군가를 만나서 가슴 안의 것들을 시원하게 털어놓고 싶지만 그렇게 하지 못하고 스스로 위무하며 마음을 삭이는 경우가 많다.

이명숙 작가의 사진들을 보고 있으면 이해가 아닌 마음의 공감을 통해 위로를 받는다는 느낌이 든다. 그의 사진을 처음 보았을 때는 과거와 현재, 생성과 소멸, 사라짐과 태어남, 상처와 치유, 잠금과 열림, 아쉬움과 만족감, 아름다움과 추함, 인공과 자연, 안과 밖, 쓸쓸함과 화려함, 지난 시간과 지금의 시간, 생명의 환희와 죽음의 처연함, 밝음과 어둠, 희망과 절망, 무거움과 가벼움, 이승과 저승, 보임과 보이지 않음, 컬러와 흑백, 질서와 혼돈 등을 떠올렸지만 두어 번 반복해서 보는 사이에 한 작품 한 작품이 진하게 가슴에 스며들었다.

그 연유는 무엇일까? 가만히 생각하니 상호 이질적으로 대비되는 대상 사이를 연결하는 '시간'이 존재하고 있었다는 사실이었다. 시간은 쏜살같이 지나가고 세월은 강물처럼 흘러간다.

셰익스피어는 "나이가 든다는 것은 젊음과 지혜를 바꾸는 것"이라고 했고, 현대물리학의 해명으로는 "과거와 미래라는 것은 인간의 의식 안에 존재할 뿐, 우주 어디에도 없다. 존재하는 것은 오직 현재뿐"이라고 한다.

이명숙 작가의 사진작품은 공간에서 보는 시각적 느낌도 중요하지만, 두 대상을 연결하는 고리 사이를 공간적인 느낌 '시간'이 차지하고 있음을 읽어내는 것이 더 중요한 메타포라는 생각이 든다.

누구나 나이가 들면 바람 소리에도 눈물이 나고, 꽃 한 송이 피고 지는 것만 보아도 마음이 아리고, 둥글게 찬 달이 공중에 떠오르는 것만 봐도 왠지 모를 서글픔이 느껴진다.

시간이 지나고 연륜이 든다는 것은 눈 깜짝할 사이에 사라져 가는 그리움 같은 것이다. 그리고 새롭게 생성되는 존재는 쉼 없는 여정을 나서는 것이다. 마크 트웨인은 '생명의 선물, 죽음'이라는 글에서 "쾌락이든 명예든 사랑이든 돈이든 모두가 다 한때의 행복일 뿐, 결국 남는 건 고통과 치욕뿐"이라고 했다.

우리의 인생도 물 흐르듯 자연스럽게 흘러가는 것이다. 이명숙 작가의 작품처럼 삶과 삶, 사물과 사물, 사람과 사물 사이에 보이지 않는 '시간'을 인정하고 겉치레에 신경 쓰기보다 순간을 즐겁게, 기쁨으로 하루하루를 살아가는 것이 세월의 조바심에서 벗어나는 비결이 아닐까 싶다.

 이명숙 작가가 앞으로 추구해야 할 것은 어쩌면 사진 작업을 통해 예술 행위를 하는 삶이 아니라 나의 삶이 하나의 사진이고 예술이 되는 삶을 살아야 한다는 것, 그때 어느 길모퉁이에서 우연히 진정한 나를 만나는 아름다운 예술가가 되는 것이라는 믿음을 가져본다.

伯山 선생님 생각

- 2023.06.07 -

　　내가 P중학교 2학년에 재학하던 때의 일이다. 당시 8반 담임이 셨던 K선생님께서는 내가 국어 시간에 책을 잘 읽는다고 변론반에서 활동하기를 권했다. 거기에다 반 서기까지 맡기셨다. 서기가 할 일은 매일 학급일지를 작성해 수업이 끝난 후 선생님께 검사를 맡는 것이었다.

　　매주 목요일 특별활동시간이 되면 변론반에 모여 K선생님의 지도로 선배들과 웅변연습을 같이 했다. 매년 5월이 되면 교내웅변대회가 열렸다. 전교생이 운동장에 앉아 각반 대표로 출전한 연사들의 웅변에 박수를 보내며 응원했다. 교내웅변대회에서 최우수상에 뽑힌 학생은 학교를 대표해 포항시웅변대회에 참가를 하고 학교 선생님들이 심사위원을 맡는 것이 관례였다.

　　변론반 담당이 K선생님이셨기에 대회를 앞둔 국어 수업시간이면 어김없이 학생들 앞에서 웅변연습을 시키셨다. 그 덕분에 나는 교내웅변대회에서 우수상을 여러 번 수상하면서 학교대표로 포항시웅변대회에 출전, 더러 입상하기도 했다. 학교 밖 행사에서 트로피와 상장, 상품을 받으면 일단 교무실에 가져갔다가 월요일 아침

조회시간에 전교생이 보는 앞에서 시상식이 거행되었다.

당시에는 웅변원고를 써줄 사람이 없어서 동화책에 나오는 토끼와 늑대를 남한과 북한에 빗대어 직접 원고를 작성해 교내웅변대회에 나갔다. 지금도 기억나는 원고 제목은 <반공 맥주>, <남의 이름을 도둑질한 김성> 등이다.

내가 伯山 박영근 선생님을 처음 만난 곳은 지금은 없어졌지만, 당시 서경도서관 3층에 있는 포항문화원 강당이었다. 청소년 반공웅변대회를 마치고 시상식에서 포항시웅변협회장상을 받을 때였다. 이후 사십여 년의 세월이 지난 후 필자가 D신문사 편집국장으로 근무할 때 다시 만나게 되었다.

伯山 선생님은 오랜 기자 생활을 끝내고 한동대학교 특임교수로 강의하면서 지역일간지에 논설위원으로 칼럼 <伯山時論>을 연재하시고 계셨다. 伯山 선생님을 뵙고 과거의 얘기를 드렸더니 내 어릴 때 모습을 어렴풋이 기억해 내시고는 살갑게 대해주셨다.

D신문사 편집국장으로 재직할 때는 매주 1~2편씩 칼럼 원고를 보내주셨고, 유강에 소재하는 한우1번지에서 쇠고기도 가끔 사주시면서 언론사 선배로서 기자 생활의 경험담과 함께 필요한 조언도 많이 해주셨다. 당신이 쓰신 칼럼이 신문에 게재되는 날에는 하루 종

일 수백 명의 고정 독자들에게 이메일을 보낼 정도로 글에 대한 애착과 열정이 가득하셨다.

2015년에 필자가 쓴 인문고전서 《고전오락-고전에서 얻는 다섯 가지 즐거움》과 2016년에 출간한 산문집 《세상 사는 이치》를 드렸더니, 책을 선물한 지 며칠이 지난 어느 날 자정을 훌쩍 넘긴 시간에 갑자기 전화를 하셨다.

자다가 깨서 얼떨결에 전화를 받으니 선생님께서는 필자가 쓴 산문집을 방금 다 읽고 감동을 받아 전화하셨다고 했다. 그러면서 하시는 말씀이 "지금부터 자네와 나는 친구로 지내자"면서 산문도 이렇게 좋은 글인지 처음 알았다며 흥분을 감추시지 않았다. 그동안 칼럼이나 논단, 시론만이 좋은 글이라고 생각했다면서 글에 대한 편견을 버리기로 했다고도 했다. 이후 선생님과는 글로써 더욱 가까워져 친구처럼 지내게 되었다.

D신문사를 그만두고 K신문사 편집국장으로 자리를 옮겼을 때도 필자가 재직하는 신문사라는 이유만으로 D신문사에 기고하던 칼럼을 끊고 필자에게 원고를 꾸준히 보내주셨다.

그러다가 원고를 보내시는 횟수가 점점 줄더니 원고가 끊겼다. 연유를 알아보니 척추 수술 후 건강히 극도로 나빠지셨기 때문에 의

자에 오래 앉아 있기가 힘들다고 하셨다.

'십 년이면 강산도 변한다'고 했는데 필자가 신문사 편집국장으로 보낸 세월이 10년이 되었다. 바쁘다는 핑계로 최근 몇 년 동안 伯山 선생님께 안부 인사도 올리지 못하고 찾아뵙지도 못했다. 이른 새벽 문득 선생님 생각이 나서 잠자리에서 일어나 책상에 앉아 지난 일들을 생각하니 죄송한 생각이 머릿속에서 떠나지 않는다.

인생은 사람의 인연으로 이어진다. 까까머리 시절 처음 만나 수십 년이 지난 지금까지 내가 지켜본 伯山 선생님은 매사에 거침이 없었고, 그러면서도 먼저 당신의 곁을 내주는 여유로운 마음을 지니고 계셨다. 내가 선생님과 가까워질 수 있었던 것도 열린 마음으로 편하게 대해주셨기 때문이다.

최근 건강 때문에 힘이 드신다는 소식을 선배에게 들었다. 걱정이 많이 된다. 늘 단정하게 머리를 빗어 올리시고 나비넥타이를 매고 웃으시던 모습이 눈앞에 아른거린다. 선생님께서 빨리 건강을 되찾아 마음의 안정과 평화를 얻기를 기도하고 또 기도할 뿐이다.

"선생님의 건강이 빨리 회복되시길 늘 기도하겠습니다. 사랑합니다, 선생님."

일요일 하루를 걷다

- 2023.06.06 -

늦은 밤에 책상에 앉아 하루를 되돌아본다.

일요일 아침, 부학산을 오르내리며 두어 시간을 보냈다. 산에 설치된 운동 기구로 운동을 하고 땀도 흘렸다. 산에서 내려와서는 샤워를 하고 잠시 독서를 했다.

오전 11시쯤 아점으로 김치볶음밥을 먹고 도서관에 가다가 휴대폰을 깜박해서 다시 집에 왔다가 도서관 가는 것을 포기하고, 시내 중심지인 중앙상가를 한 바퀴 둘러보기로 했다.

봄이지만 30도가 넘는 여름 날씨다. 운동 삼아 천천히 걸어서 먼저 죽도천주교회 앞 갤러리 포항에 갔다. 마침 단체 사진전이 열리고 있었다. '상호작용(相互作用)'이라는 테마로 전시된 5명의 작가 작품을 감상하고 나서 중앙동 꿈틀로 거리와 대흥동 상가 1번지를 구석구석 돌아봤다.

도심 공동화로 꿈틀로에는 사람 구경하기가 힘들었고, 그나마 중앙상가는 젊은이들이 삼삼오오 몰려다녀서 다행이라는 생각이 들었다.

꿈틀로에서 작업을 하는 화가 박경숙 미술관과 박수철 아뜨리에를 방문했으나 문이 닫혀 있었다. 발길을 돌려 젊은 날, 시내 최고의 중심지이자 이십 대 후반 고모님의 주선으로 첫 선을 보았던 우체국 근처 귀족다방도 자취를 감추고 없었다. 그곳에서 첫 선을 봤던 처녀는 지금쯤 어디에서 누구와 살고 있을까, 하는 생각이 들었다.

청년 시절, 수시로 친구들과 만나서 커피를 마시며 수다를 떨었던 대일다방도 문을 닫았고, 시민극장과 극장 맞은편 매주 시낭송을 열었던 두꺼비다방, 학창시절 친구들과 자주 찾았던 대일분식, 명승원도 사라진 지 오래되었다. 포항을 대표하는 시민제과는 사라졌다가 몇 년 전부터 다시 문을 열고 영업을 하고 있었다.

과거 추억을 떠올리며 상가 실개천을 따라 걷다가 학원사에 들러 책 구경을 하고 구본형과 홍승완 작가가 쓴 《마음편지》를 구매했다.

서점을 나와 상가 뒷골목으로 여기저기 기웃대다가 구 포항역 철길 숲을 따라 걷다 나무 그늘 아래 설치된 벤치에 앉아 흐르는 땀을 식혔다. 포항의료원 입구 건널목에 와서는 평소 단골 분식집인 공원 쉼터에 들러 잔치국수 한 그릇으로 허기를 달랬다.

분식집을 나와 신호등을 기다리는데 마침 산책을 하시던 친목회 회장님을 만났다. 회장님은 지난달 모임에 불참해 그동안 소식이 궁금했다면서 다음 달 모임에는 꼭 나오라고 하셨다.

회장님과 헤어지고 나서 방장산 터널 아래까지 걸어와서 휴대폰을 보니 2만8천 보를 걸었다. 아침 산행에다 집에서부터 시내를 계속 걸어 다녔기 때문이다.

집에 들어서자마자 가방을 열고 서점에서 구매한 《마음편지》를 꺼냈다. 먼저 여는 글이 나오고 차례가 소개되었다.

책의 내용은 2013년 4월에 작고한 구본형 변화경영사상가의 질문에 대한 홍승완 작가의 답글 형식으로 진행되고 있었다. 홍 작가는 니코스 카잔차키스의 《영혼으로 서리라》는 책의 원문을 각색해 "어두운 자궁에서 태어나 어두운 무덤으로 가는 것이 인생이다. 삶이란 그 두 어둠 사이의 짧고 빛나는 순간이다"라며 독자에게 묻는다.

"어둠과 어둠 사이, 이 짧고 빛나는 순간에 내가 꼭 하고 싶은 것을 얼른 하나 들어본다면 그게 뭘까요?"라고.

홍 작가는 이 질문이 답만큼, 아니 답보다 중요하다는 것을 깨달았다고 했다. 답이 아닌 질문이 나란 세계를 열어 주었기 때문이라고도 했다.

다수의 사람은 대답형 인간으로 살아간다. 그러나 질문형 인간으로 살면 똑똑한 사람이기보다 지혜로운 사람이 될 수 있다. 평생을 살면서 나는 몇 번의 질문을 했는지. 되돌아보니 평생 대답형 인간으로 살아온 것 같다.

공평하게 한번 주어진 인생, 누구는 위대하게 살다 가고, 누구는 어림도 없는 삶을 남기고 떠난다. 그러나 각자의 존재만큼은 중요한 것이다. 소크라테스는 "성찰하지 않는 삶은 살 가치가 없다"고 했다. 살아있는 동안 각자 나름의 꾸준한 성찰을 통해 어떻게 살아야 할지 질문하는 시간이 많아졌으면 한다.

일요일 하루를 걷다 보니 그동안 나를 살게 했던 지난 시간이 아름답게 느껴진다. 시내 중심지인 중앙상가 거리를 수없이 걸었으면서도 젊을 때 보지 못했던 청춘의 향기를 세월이 지난 이순의 나이에야 깨닫는다. 세월은 무심하게 그냥 흘러가는 게 아니라 내 기억의 창고에 차곡차곡 쌓여 있었다. 떠가 되면 꽃이 피듯이 세월은 시간이 지나야 비로소 알 수 있는 것이 아닐까 싶다.

부처님 오신 날 만난 좋은 인연

- 2023.06.04 -

　잠시 쉬다가 다시 일을 시작하니 세상이 달라 보인다. 휴식을 취하면서 부학산을 오르고, 철길 숲을 걷다가 책 보고 싶으면 책 읽고, 글 쓰고 싶으면 글 쓰다 보니 한 달이 훌쩍 지났다. 짧은 기간이었지만 나를 되돌아보는 시간이었다.

　부학산 등산코스를 한 바퀴 돌고 샤워를 하고 있는데, 선배한테서 "내일은 초파일인데 콧구멍에 바람도 넣을 겸 절에 같이 가자"고 전화가 왔다.

　선배의 전화를 받고 "가진 거라고는 시간뿐인데 데려만 가주신다면 저야 당연히 오케이죠"라며 전화를 끊었다.

　친형님처럼 따르는 선배였기에 기분 좋게 통화를 끝내고, 책을 보는데 다시 전화가 와서 받았더니, "오늘 점심 같이 먹자. 동생이 좋아하는 메뉴, 생각해서 나오너라"고 했다.

　"그렇게 하겠다"며 전화를 끊고, TV를 보며 기다리는데, 선배는 정오가 다 되어서 집 앞에 기다리고 있으니 빨리 나오라고 했다.

집을 나와 조수석 문을 열고 차에 올랐으나 마땅한 점심 메뉴가 떠오르지 않았다. 매운탕, 돈가스, 백반, 삼계탕 등을 얘기하다가 여남 바닷가에 있는 횟집에 가서 물회를 먹기로 했다. 횟집에서 물회를 시켜놓고 영일만 바다를 보면서 새삼 포항이 살기 좋은 도시라는 생각이 들었다.

산과 바다가 도시와 붙어있고, 농수산물이 흔하고, 인구 50만의 소도시여서 교통도 복잡하지 않고 걸어 다닐 숲길과 해안 길이 곳곳에 있어서다. 자연산 가자미회를 맛있게 먹고, 분위기 있는 카페에서 커피 한 잔을 나누고 헤어졌다.

다음날, 이른 새벽 책을 읽다가 "내 안에 빛이 있다면 스스로 빛나는 법이다. 가장 중요한 것은 나의 내부에서 빛이 꺼지지 않도록 노력하는 일이다."라는 알버트 슈바이츠 글을 읽고, 지인들께 "부처님 오신 날, 스스로 빛나는 내 안의 빛을 발견하시길 기도합니다"라고 쓴 문자를 보냈다.

그리고 오전 10시, 어제 약속한 선배와 만났더니 친구 3명이 더 있었다. 한 대의 자동차로 각자가 다니는 사찰 3곳을 같이 다니면서 부처님 오신 날을 축원하기로 사전에 약속한 것 같았다.

첫 번째 도착한 사찰은 동해면 야산에 자리한 성주사였다. 선배들은 대웅전에 들어가 석가모니 부처님께 절하고 부처님의 가호와 가피 속에 세상의 즐거움을 기원했다.

나는 불자가 아니라서 사찰 주변을 둘러보고 선배들은 법당에서 축원하고 나와 점심 공양(산나물 비빔밥)을 같이했다. 식혜, 수박, 미역국이 맛있었다.

성주사를 나와 두 번째로 간 사찰은 흥해 초곡에 소재한 무량사였다. 오후 2시, 무량사 입구 주차장에 차를 세우고 절에 들어서니 큰 잔치가 벌어지고 있었다. 대웅전 앞에 무대를 만들고 4인조 밴드의 가요 연주로 신도와 주지 스님은 이미 하나가 되어 있었다.

떠들썩한 가운데 선배 일행은 법당에 들어가 축원을 하고 나왔다. 따가운 햇빛을 가리기 위해 뜰에 설치한 천막에서 떡과 식혜를 공양하고, 열정으로 노래를 부르는 스님의 트롯 두 곡을 법문이라 생각하고 들으면서 박수를 치면서 같이 즐겼다.

그동안 법당 주변에서는 정숙해야 한다고 생각했는데, 부처님 오신 날에 상식을 깬, 스님과 남녀 불자가 같이 어울려 노래하며 춤추며 즐기는 것을 보니 무애(無碍)라는 낱말이 떠올랐다. 불교가 오랫동안 백성과 함께할 수 있었던 근저에는 함께할수록 건강해지고 강해진다는 믿음을 나누고 있었기에 가능했을 것이다.

무량사를 나와 인근 향교산에 있는 사찰로 자리 이동을 했다.

이팝나무 군락지로 둘러싸인 임허사에서는 오랜 사찰의 연륜을 느낄 수 있었다. 선배들은 대웅전에서 부처님을 뵙고 나는 밖에서 이팝나무들을 구경했다. 임해사를 벗어난 일행은 송도해수욕장 카페에 들러 커피 한잔을 나누며 좋은 인연이 오래가도록 덕담을 나누고 헤어졌다.

살아생전 법정 스님은 "서로의 빈 마음을 대할 수 있는 사이, 서로의 빈 마음에 현재의 자신을 비춰볼 수 있는 사이, 그게 좋은 친구이다"라고 했다.

삶에서 마지막까지 남는 것은 우리가 나눈 따뜻한 자비(慈悲)일 것이다. 부처님 오신 날, 각자 다니는 사찰 3곳을 동행하며 보여준 선배들의 모습은 참 아름다웠다.

부처님 오신 날, 인연이 있어 함께했던 소중한 시간이 오랫동안 아름다운 기억으로 남아 두고두고 기쁨이 되었으면 한다.

만남, 그 소중한 인연을 생각하며

- 2023.06.01 -

　봄을 상징하는 벚나무는 꽃을 머리에 이고 있을 때가 가장 아름답다. 일시적이겠지만 개개인의 삶에서도 그런 순간이 있다.
　우리는 살아가면서 많은 사람과 만나고 헤어지며 인연을 맺는다. 헤어진 뒤 잊히지 않고 누군가의 가슴에 아름답게 남아 있다면 그는 분명 행복한 사람일 것이라는 생각을 한다.

　문득 오래 전 기자 생활을 하다가 방송진행자로 전향해 일하다가 은퇴한 분을 초청해 특강을 들은 기억이 떠올랐다. 그는 방송진행자는 말을 밑천으로 살아가는 사람으로서 폭넓은 상식이 필요하지만, 그보다 중요한 것은 인사를 잘해야 한다고 말했다.
　인사를 할 때는 구체적이야 하는데, 그중 건강을 걱정하는 인사가 최고의 감동을 준다고 했다. 다음은 식솔에 관한 이야기, 그리고 주인 양반 사회생활에 대한 걱정을 묻는 인사라고 했다. 이런 관계성이 대화의 끈을 이어갈 수 있었으며 같이 즐거울 수 있었다고 했다.

　강의 중에 그는 신문기자 시절, 편집국장이 가엾게 느껴졌다는 말을 했다. 기자는 자기가 쓴 기사가 빠지면 난리를 치기도 하지만,

이는 편집국장의 입장에서는 아주 사소한 일일 뿐이다. 기사로 인해 편집국장에게 발생하는 다양한 일들, 일례로 언론중재위, 경찰서나 검찰청 출석, 독자의 항의 전화까지 더해지면 가엾은 정도가 지나쳐 불쌍하다.

편집국장은 신문사의 색깔을 정하는 사람으로 자사 신문에 대한 자긍심과 편집책임자라는 자존심 없이는 버틸 수가 없는 자리다. 뼈를 깎는 고뇌와 고통을 통해 종이신문의 하루치가 만들어진다.

지난 10여 년 동안 지역일간지 편집국장을 하면서 값을 제대로 했는지에 대해 의문이 든다. 그나마 밥값이라도 제대로 했다면 다행일 것이다. 사람은 나이가 들어갈수록 상대에 대한 이해의 폭이 넓어지는 것이 사실이다. 살아갈 날보다 죽을 날이 가깝다는 생각을 해서 그렇기도 하겠지만, 자신이 살아온 삶을 통해 부질없는 욕망에 대한 반성과 성찰을 통해 삶을 너그럽게 받아들이기 때문이지 않을까, 하는 생각이 든다.

나이가 들면 만남, 그 소중한 인연을 생각하는 시간이 많아진다. 부모와 자식, 가족과 친척, 친구, 지인들과 얽힌 불편한 인연은 내가 어떻게 하느냐에 따라 달라질 수 있다. 각자의 생각과 행동의 변화에 따라서 인연은 변할 수 있기 때문이다. 불편한 인연이 귀한 인연이 되려면 먼저 관심을 두고 사랑을 베풀어야 한다. 받는 것보다 주는 것을 빨리 배워야 한다는 말이다.

나이가 들수록 먼저 희생을 해야 한다. 내 몸을 움직여서 행한다는 것은 힘든 일이지만 그래도 해야 한다.

그동안 언론사에 몸을 담고 일하면서 나 자신도 모르게 불편한 인연을 만들기도 했다. 지난 시간을 되돌아보니 스스로 반성하게 된다.

헨리 데이빗 소로는 "더 많이 사랑하는 것 외에 다른 사랑의 치료약은 없다"고 했다.

그동안 코로나 시기를 거치면서 각자가 지닌 여유로움을 많이 상실했다. 마음의 여유가 없다 보니 성질도 급해지고 감정의 속도도 빨라져서 유연하게 대처할 힘도 많이 약해졌다.

전 세계를 공포로 몰아넣던 코로나의 위력도 이제 자취를 감추고 일상을 회복했다. 거리에 나가보니 초봄의 벚꽃들은 모두 사라지고, 가는 봄을 아쉬워하듯 시내 곳곳에 이팝나무꽃이 흐드러지게 피었다. 활짝 핀 이팝나무꽃처럼 이 봄이 다 가기 전에 불편했던 인연들이 다시 귀한 인연이 되어 따뜻한 사랑으로 함께 살아가는 시간이 되었으면 좋겠다.

한국의 탈춤 세계문화유산 등재의 의미

- 2022.12.01 -

궁중에서 광대들이 공연했던 탈춤이 세계 인류의 문화유산으로 당당히 등극했다.

하회별신굿탈놀이를 비롯한 한국의 탈춤(Talchum, Mask Dance Drama in the Republic of Korea) 18개 종목이 2022년 11월 30일 모로코 라바트에서 열린 제17차 유네스코 무형문화유산보호협약 정부간위원회에서 인류무형문화유산으로 등재된 것이다.

유네스코 무형유산위원회는 한국의 탈춤이 강조하는 보편적 평등의 가치와 사회 신분제에 대한 비판이 오늘날에도 여전히 의미가 있는 주제이며, 각 지역의 문화적 정체성에 상징적인 역할을 하고 있다는 점 등을 높이 평가했다.

이번 한국 탈춤의 유네스코 등재는 문화재청과 외교부, 경북 안동시, 탈춤과 관련한 13곳의 국가무형문화재와 5곳의 시도무형문화재 보존단체 및 세계탈문화예술연맹이 준비과정에서부터 협력해 이뤄낸 성과로, 민·관이 협력해 국제사회에 우리의 전통문화를 알린 좋은 사례이다.

한국의 탈춤은 2019년 등재대상으로 처음으로 선정되었고, 2020년 3월 등재신청서를 유네스코에 제출한 후로 2년여 만에 최종 결정되었다.

역사적으로 조선 후기에는 민중 문화로 발전했던 탈춤은 신분 사회를 풍자하거나 민중들의 고달픈 삶을 해학적으로 그렸으며, 하회 별신굿 탈놀이, 북청 사자놀음, 봉산 탈춤 등이 전해오고 있다.

이로써 한국은 2020년 '연등회' 등재에 이어 올해 '한국의 탈춤'까지 등재하면서 총 22개 종목의 인류무형문화유산을 보유하게 됐다.

이번에 등재된 한국의 탈춤은 하회별신굿탈놀이(국가무형문화재 제69호)를 포함한 13종목의 국가무형문화재와 예천청단놀음(경북무형문화재 제42호)을 포함한 5종목의 시도무형문화재로 구성돼 있다.

특히, 하회별신굿탈놀이가 유네스코 인류무형문화유산으로 등재되면서, 안동시는 유네스코 세계문화유산(하회마을, 봉정사, 도산·병산서원), 유네스코 세계기록유산(유교책판)과 함께 유네스코 지정 유산 3대 카테고리를 모두 석권한 최초의 지자체가 됐다.

공동체와 상호작용을 통해 만들어진 지식, 문화, 공연예술을 함

축하고 있는 하회별신굿탈놀이의 가치를 다시 한 번 인정받은 것이다.

하회별신굿탈놀이는 12세기 중엽부터 안동 풍천면 하회마을에서 행해 왔던 탈놀이다. 마을 공동체의 안녕과 대동, 풍년 농사를 기원하기 위해 정기적으로 열었던 특별한 마을 굿이었다. 신앙적 의미와 함께 신분 질서와 농사일에 억눌렸던 마음의 응어리를 신명과 풀이를 통해 해소해 나가는 축제적 성격도 담겨 있다. 전통사회 속에서 하회별신굿은 지역공동체를 하나로 아우르며 지탱하는 원동력이자, 공동체 신앙 속 다양한 놀이와 예술적 행위를 담아낸 종합예술이었다.

우리 민족의 고유한 전통문화인 한국의 탈춤이 세계문화유산이 된 것은 민족 자긍심은 물론 민족주체성을 높이는 소중한 기회가 될 것이다.

고전과 역사를 읽어라
- 2022.11.17 -

찰스 핸디는 그가 쓴 책 《삶이 던지는 질문은 언제나 같다》에서 이렇게 말한다.

"삶이 던지는 문제에 대처하려면 사람에 대한 이해가 필요하다. 기술 혁명은 들불처럼 일어나도 사람은 변하지 않는다. 위대한 고전과 역사를 읽어라. 변하지 않는 지혜는 그 속에 있다."

고전과 역사책을 읽는 것이 좋다는 것을 많은 사람이 알고 있다. 하지만 고전과 역사책을 읽으면 도움이 되는 시기가 있다. 그 시기를 꼬집어 말할 수는 없지만 젊은 시절에 기회를 놓치면 지혜의 우물이 바닥난 채로 어영부영 나이만 먹게 된다.

먼저, 동양 고전으로 꼽는 유학의 대표적인 저서인 《대학(大學)》을 살펴본다.

주자는 송나라 때의 대학자이며, 1130~1200년경에 살았다. 유교를 학문적·철학적으로 체계화하였고, 특히 《예기》에 속해있던 《대학》을 따로 떼어 분류했다.

《대학》은 진시황 이후 한나라 때 이루어진 것으로 알려져 있으며 '대학'이란 말에는 세 가지의 의미가 담겨있다.

첫째, 학교의 이름. 고대 중국의 귀족 아이들은 8세가 되면 소학(小學)에 들어갔다. 소학을 마치고 15세가 되면 엘리트 수업을 받는데 이 코스가 바로 대학이다.

둘째, 책 이름. 바로 사서 중의 한 권인 《대학》이다. 본래 《예기》에 속해 있었으나 주자에 의해 단행본으로 분류. 공자의 제자인 증자가 지었다는 설이 있으나 사실은 작자를 정확히 알 수 없다.

셋째, 학문의 범주. 엘리트들을 가르치기 위한 학교에서 교재로 채택했으니 학문의 목적과 내용이 특이할 수밖에 없다. 특히 《대학》은 엘리트들의 학문하는 자세와 세상을 읽는 기본방법을 담고 있어 '커다란 학문의 세계'라는 의미를 담고 있다.

대학은 주자가 경(經) 1장, 전(傳) 10장으로 구별해 주석을 가하고 이를 경전으로 받들면서부터 널리 세상에 퍼졌다.

3綱(강) 8條(조)의 대학 강령(綱領)에서 대학(大學)은 대인지학(大人之學)이다. 고전 가운데 나라를 통치하는 원칙을 담고 있으며 다음과 같은 문장으로 시작한다.

대학지도(大學之道)는 재명명덕(在明明德)하며 재친(신)민(在親(新)民)하며 재지어지선(在止於至善)이니라.
대학의 도는 명덕을 밝히는 데 있으며, 백성을 새롭게 하는 데 있으며, 지극히 선한 곳에 머무르게 하는 데 있다.

나라를 통치하는 그 첫 번째가 백성에게 밝은 덕을 갖게 하는 데 있다. 이로써 올바른 가치관을 갖게 한다.
두 번째가 백성을 새롭게 좋은 쪽으로 변화하는 데 있다.
세 번째가 지극히 좋은 여건 속에서 편안하게 살게 해야 한다.

이것이 정치의 목표이고 나라 통치의 기본이다. 그렇게 다스리기 위해 지도자는 자질을 갖추어야 한다.

지도자의 자격요건으로는 ① 格物(격물). ② 致知(치지). ③ 誠意(성의). ④ 正心(정심). ⑤ 修身(수신). ⑥ 齊家(제가). ⑦ 治國(치국). ⑧ 平天下(평천하)가 있다.

지식을 갖추기 위해서는 사물에 이르러 봐야 하고(格物), 그런 후에 지식을 이루게 되며(致知), 성실하게 열심히 공부해야 하며(誠意), 마음가짐을 올바르게 한 후(正心) 자신의 몸을 닦고(修身), 그다음은 집을 가지런히 다스리고(齊家), 한 나라를 다스리고(治國), 마지막으로 천하를 태평하게 다스리는 것이(平天下) 통치이념이다.

정치의 기본이 갖추어지고, 그 바탕 위에 자신의 역량을 다해 백성을 안정되고 잘 살도록 해 선한 삶을 살아가게 하는 것이 정치하는 원칙이다.

고전은 독서의 백미이고, 역사는 세상 공부의 핵심이라고 한다. 공통점은 인문학적 소양과 지혜다. 젊을 때 고전과 역사를 읽을 것을 권하는 이유다.

대한의 아들, 손흥민 선수 파이팅

- 2022.11.10 -

　이른 새벽, <스포츠 서울>의 기사를 보면서 역시 '대한의 아들, 손흥민 선수'라는 생각을 했다.

　나는 운동에는 젬병이지만 축구경기 보는 것을 누구보다 좋아한다. 김민재, 이강인, 정우영, 황의조 등 우리나라 선수들이 뛰는 경기는 대부분 보고 좋아하지만, 그중에서도 손흥민 선수를 가장 지지하는 마니아 중의 한 사람이다. 그의 경기는 열 일을 제쳐놓고 스포츠 채널을 통해 빠짐없이 꼬박꼬박 챙겨본다. 한번 봤던 경기도 시간이 나면 다시 시청한다. 해리 케인과 손흥민 선수는 환상적인 조합이다. 패스를 받아 빈 공간을 찾아 들어가면서 공을 몰고 전력 질주하는 손 선수의 기술을 본다는 그 자체가 내 삶에는 활력소이자 감동이다. 손흥민 선수는 골 결정력과 위치선정이 탁월하다. 좋아하는 각도가 나면 어김없이 골을 넣는다. 프리킥이나 코너킥도 뛰어나다.

　"지난 2년여 시간 동안 여러분이 참고 견디며 써오신 마스크를 생각하면 월드컵 경기에서 쓰게 될 저의 마스크는 아무것도 아닐 것"

스포츠 기자가 손흥민 선수의 글을 인용한 첫 문장을 읽고는 온몸에 전율이 느껴졌다. 손흥민은 지난 프랑스 마르세유 벨로드롬에서 열린 올랭피크 마르세유와의 2022-23 유럽축구연맹(UEFA) 챔피언스리그 조별리그 D조 최종전에서 수비수 찬셀 음벰바 선수와 부딪혀 눈 주위 골절상(안와골절)으로 수술을 받았다. 손 선수가 카타르 월드컵 개막을 2주도 채 남겨두지 않은 지난 9일 SNS를 통해 밝힌 심경에는 결기가 느껴졌다.

월드스타로서 모든 것을 갖춘 손흥민 선수는 지금 토트넘 공격수로 뛰고 있으며, 잉글랜드 한 시즌 프리미어리그 최다골을 경신한 경력을 가지고 있다. 또한, 아시아 최초로 PFA 올해의 팀에 선정된 선수로서 현재 최고의 선수로 평가받고 있다.

손흥민 선수는 자신의 SNS에 "지난 한 주 동안 받은 응원과 격려의 메시지, 정말 감사하다는 말씀을 드리고 싶다. 월드컵에서 우리나라를 위해 뛰는 것은 많은 아이가 축구선수로 성장하면서 꿈꾸는 일"이라며 "저 또한 그 꿈을 지금까지 변함없이 가지고 있다"는 글을 올렸다.

그는 최근 2년간 코로나19 팬데믹으로 마스크 착용을 일상처럼 여긴 국민의 고통을 언급하면서 "월드컵 경기에서 쓰게 될 저의 마스크는 아무것도 아닐 것"이라며 "단 1% 가능성만 있다면 그 가능성을 보며 얼마 남지 않은 시간 앞만 보며 달려나가겠다"고 다짐했다.

우리나라 국민뿐만 아니라 전 세계의 축구인이 손흥민 선수의 월드컵 출전 가능 여부에 관심을 가지고 지켜보고 있는데 스스로 뛰겠다는 입장을 드러낸 것이다.

손 선수는 수술 후 최소 4주 이상 회복 기간을 둬야 할 것이라는 의사들의 진단에 따라 월드컵 출전은 힘들 거라고 예상했다. 하지만 그 예상이 빗나간 것이다.

오는 24일, 우리나라는 우루과이와 월드컵 조별리그 H조 1차전을 치른다. 이날은 손 선수가 수술을 하고 나서 3주가량이 지났을 때다. 가나와 2차전은 28일, 포르투갈과 3차전은 다음 달 3일에 열린다.

그가 정상적인 상태로 월드컵에 참가하는 건 사실상 불가능하다고 예상한다. 하지만 축구계는 손 선수가 한국팀의 주장이자 정신적 지주인 만큼 한국 선수단과 함께한다는 것만으로도 큰 힘이 될 것으로 보고 있다. 다행히 부상 부위가 좋아지면 공을 몰며 운동장을 질주하는 모습을 볼 수도 있을 것이다. 국가대표 벤투 감독도 출전하겠다는 그의 입장 표명을 높이 샀다고 한다.

대한축구협회(KFA) 고위 관계자도 스포츠 서울 취재진과 만난 자리에서 "손흥민 역시 (월드컵에서) 뛰기를 바랄 것이다. 벤치에 있는 것만으로도 동료에게 큰 힘이 될 것"이라며 "수술을 잘 마쳤으니 (포르투갈과) 3차전쯤엔 뛰었으면 하는 희망도 있다"고 말했다.

손흥민 선수가 대회에 참가하겠다는 의사표명은 했지만 출전할 수 있을지는 미정이다. 골절상을 입고 수술을 마친 환자인 만큼 회복이 우선이기 때문이다.

하지만 손흥민 선수 스스로가 월드컵 출전 의지를 밝힌 만큼 동료 태극전사에게는 커다란 힘이 될 것으로 본다.

현재 잉글랜드 프리미어리그 토트넘에서 공격수로 활약하면서 대한민국 축구 국가대표팀의 주장, 손흥민 선수의 몸이 빨리 완쾌되어 2022년 FIFA 카타르 월드컵에서 파이팅하는 모습을 보고 싶다. 덧붙여 개인적인 욕심을 낸다면 골을 넣고 두 손을 모아 '찰칵' 사진을 찍는 세레머니도 볼 수 있기를 기대한다.

대한의 아들, 손흥민 선수 파이팅!

자신의 걸음으로 쉬지 말고 걷자

- 2022.11.08 -

　세상이 정적에 잠겨있는 가을 이른 새벽. 4시에 눈을 떠서 살짝 일어나 서재로 발을 옮긴다. 서재 커튼을 밀치고 창밖을 내다보니 고층 빌딩에서 뿜어내는 네온이 왠지 떨어지는 낙엽처럼 쓸쓸하다는 생각이 든다.

　불을 밝히고 컴퓨터를 켠 후 늘 하던 대로 지역에서 발행되는 신문들을 보면서 1시간가량 검색한다. 이어 독서를 시작한다. 하루에 두어 시간씩 깨어있는 정신으로 읽는 책은 머릿속을 정화시킨다.

　눈이 침침해질 때쯤 책을 덮고 간편한 복장으로 집을 나선다. '걷는 만큼 살 수 있다. 걷는 것을 생활화하자'는 평소 생각대로 숲이 잘 조성된 방장산 터널에서 출발해 성모병원 입구, 효자역, 유강 코아루 고층 아파트를 1시간 30분 정도 걷는다.

　보통사람의 걸음으로는 2시간이 걸리는 구간이지만 내 걸음은 조금 빠른 편이다. 7년 동안 주말이면 전국의 명산을 오르내리는 등산의 내공이 있기 때문이다. 포항의 철길숲은 과거, 열차가 다니던 곳이었지만 지금은 트레킹하기 좋은 산책공원으로 조성되어 시민들의 건강에 크게 도움이 되고 있다.

트레킹을 끝내고 세수와 샤워를 하고 간단한 조식을 마치면 본격적인 하루 일상이 시작된다. 차를 몰아 회사에 도착하면 기자수첩을 펼쳐 하루를 활기차게 보낼 수 있는 글귀나 명언을 상단에 적어놓고 할 일을 떠올리면서 시간대별로 메모를 한다.

오전 8시 30분, 매주 월요일마다 반복되는 주간편집회의와 10시 30분 주간취재보고가 끝나면 다양한 종류의 신문 등을 훑어보고 당일 기사에서 착상한 주제로 A4용지 2장 분량의 사설을 쓴다. 남는 시간 동안에는 오피니언 원고를 읽고 고친다. 그러다 보면 어느덧 12시, 점심시간이 되면 회사 동료들과 회사 근처의 식당에서 점심을 먹고 카페에 들러 커피 타임을 가진다.

편집국장으로 일한 지 햇수로 10년째, 반복되는 일상이 지겨울 때도 됐지만 '피할 수 없다면 즐겨라'라는 말을 음미하며 하루를 즐겁게 보낸다.

나는 이순의 나이가 될 때까지 직업을 세 번 바꿨다. 20대에는 공무원과 시인, 40대에는 논술강사와 프리랜서, 50대 중반부터는 신문기자와 작가의 삶을 살고 있다. 돌아보면 끝없는 자기 성장의 연속이었다. 동료 공무원의 만류에도 40세에 과감하게 공직을 떠난 것도, 논술강사로서 유명세도 내려놓고 신문기자가 된 것도 편안함과 익숙함보다는 새로운 도전을 통해 성장을 지속하는 글 쓰는 사람이 되기 위해서였다.

당시 '인생의 이모작'이라는 말은 생각도 못 했지만, 최소한 내가 바라는 선택지가 하나밖에 없는 인생을 보내고 싶지는 않았다. 아버지의 바람에 따라 공무원이 되어 20여 년의 공직생활을 했지만 후회하지는 않는다. 논술강사를 그만두고 기자라는 직업을 택한 것 역시 후회는 없다.

농업에서는 같은 경작지에서 1년에 종류가 다른 작물을 재배하는 것을 이모작이라 한다. 봄에 벼를 심고 수확한 뒤 가을에 보리를 심는 것처럼 말이다. 이모작의 첫 번째 재배를 앞갈이, 두 번째 재배를 뒷갈이라고 하지만, 인생에서의 두 번째 재배는 결코 뒤가 아니라고 본다. 인생 2막을 남은 인생이라고 말하기도 하지만 1막의 인생보다 더 멋있게, 폼나게 살 수 있는 게 이모작 인생이다.

점심을 먹고 난 오후 1시, 사무실에 들어와 의자에 기대어 잠시 눈을 감는다. 이른 기상으로 식곤증 졸음이 온다. 10여 분 정도 눈을 붙였다가 뜨면 머리가 맑다. 오수를 즐기는 기쁨은 느끼는 사람만이 안다. 오후 2시, 편집기자들이 모두 출근하면 편집회의를 거쳐 지면 배정, 다음날 출고할 정치, 사회, 경제, 교육, 문화, 스포츠, 지역의 이슈 등을 정리하고 지면교정을 하다 보면 어느새 오후 6시가 된다.

저녁 시간, 회사 근처 영일대 전통시장에 들르면 시끌벅적한 장터의 모습과 갖가지 식사메뉴가 기다린다. 늘 보는 친숙한 재래시장. 포항의 전통음식인 물회를 비롯해 곰탕, 해물탕, 꽁치 추어탕, 된장, 생선 찌개 등 입맛대로 골라 먹을 수 있는 곳이다. 직원들과 함께 저녁을 먹는 것도 저녁 일과의 일부다.

저녁 식사를 마치고 시장 주변에 있는 카페에 들린다. 이곳에서 아메리카노 한 잔을 마시는 기쁨도 하루의 감사함이다. 손님이 많아 앉을 자리가 없으면 회사에 곧바로 들어와 믹스커피를 마시며 편집이 끝나지 않은 지면을 기다리는 것도 즐거움이다.

편집이 끝나고 대충 밤 9시가 되면 퇴근을 서두른다. 귀가하는 것은 당연한 일이겠지만 하루를 열심히 살았다는 기쁨을 느낄 수 있으니 복 받은 사람이라고 해야 할지도 모르겠다.

요즘 나이가 들어간다는 생각을 가끔 한다. '노후'라는 말을 의식하게 되는 나이다. 하지만 노후는 생각보다 길다. 이 기나긴 노후를 알차게 보내기 위해 나 자신의 걸음으로 오랫동안 쉬지 말고 걷자는 생각을 한다. 인생 이모작, 더 나아가 삼모작은 여기서 시작될 것이라 생각하기 때문이다.

포항시와 포항시민, 포스코가 사는 길

- 2022.08.30 -

대한민국 국민이라면 영일만의 조그만 어촌도시에서 창조된 1968년의 신화를 기억한다. 포항제철의 설립은 하나의 기적이자 신화였다. 당시 산업의 쌀이라 불리는 철강을 생산하는 포항제철은 포항에 존재하는 그 자체만으로도 시민의 자랑거리이자 자부심이었다. 학창시절의 필자는 언론을 통해 포항제철은 '가장 존경받는 기업', '글로벌 지속가능경영기업', '가장 경쟁력 있는 철강회사'라는 소리를 들으며 성장했다.

이런 철강기업을 둔 포항시는 경북의 중심도시이자 대한민국의 자랑이었다.

철강왕, 박태준의 경영 이야기 《최고기준을 고집하라》를 보면 1968년 3월 6일, 포항제철 설립을 위한 발기인 대회를 개최하고 회사 정관을 확정했다고 나와 있다. 이어 4월 1일 역사적인 창립식을 거행했다. 창립식에서 박태준 회장이 귀빈들 앞에서 "우리는 최선의 노력을 경주해 최소의 경비로 세계에서 가장 훌륭한 제철소를 건설할 것입니다"라고 약속했다. 그는 그 약속을 지키기 위해 자신을 포항제철에 던졌다.

1970년 4월 1일, 박정희 대통령을 모시고 착공버튼을 누른 그는 황량한 모래벌판에서 맨주먹으로 시작, 세계 최고의 종합제철소를 만들었다. 지금 우리는 그와 임직원이 일군 피땀의 결실을 톡톡히 누리고 있다. 박 회장이 포스코를 경영할 때는 해마다 흑자경영을 갱신했으며, 스탠퍼드, 하버드 등의 세계 일류대학 연구소로부터 많은 주목을 받았다.

포항제철의 급성장 요인은 간단했다. 바로 저비용으로 고품질의 제품을 생산하기 위해 정직하고 정확한 관리를 추구하며, 삼고삼무(三高三無) 즉, 최고의 생산성, 최고의 품질, 최고의 낮은 비용 그리고 무결점, 무사고, 무낭비를 목표로 정하고 이를 전 직원들이 실천한 것이다.

"목숨을 걸자. 실패하면 우리 모두 사무소에서 똑바로 걸어 나와 우향우 한 다음 동해바다에 몸을 던지는 거다." 포항 시민에게 너무도 잘 알려진 '우향우 정신'은 영일만에서 죽기를 각오하고, 포항제철을 만들려던 간절한 결의였다.

주황색 제복에 안전모, 자전거를 타고 형산강 다리를 넘나들던 포항제철 근로자들이 TV에 비치는 모습은 대한민국 근대화 역사 그 자체였다. 전국에서 모여든 그들은 포항을 살기 좋은 곳으로 변화시킨 개척자였고, 영일만의 기적을 일으킨 창조자들이었으며, 경제 강국 대한민국을 일으킨 주역들이었다.

포항제철은 2002년에 사명을 포스코로 변경했다. 그리고 지금은 포항제철소와 광양제철소라는 2개의 제철소를 보유하고 있다. 포항제철소의 운영을 통해 배운 기술의 노하우를 광양제철소에 접목했으며, 이제는 고품질의 제품생산을 통해 국제사회에서 선두 경쟁을 펼치고 있다. 광양제철소의 연간 조강 생산량은 2015년 현재 단일 제철소로는 최대 규모로 성장했다.

포스코와 포항시는 54년 동안 상생하며 포스코가 힘들 때는 포항시민들이 나섰고, 지역경제가 어려울 때는 포스코가 적극 나서서 함께 고통을 나누었다.

하지만 언제부턴가 서로의 사이가 조금씩 금이 가기 시작했다. 그 바탕에는 소지역주의와 물질만능주의가 만연한 탓이겠지만, 궁극적인 갈등은 지역과 기업의 생존 문제 때문이 아닐까 싶다.

포스코도 살아야 하고 포항시와 시민도 살아야 한다. 포항시와 시민, 포항시가 살 길은 분명하다. 분열되고 갈라진 포항이 아니라 하나가 된 포항의 모습이다. 그러기 위해서는 포항시와 시민이 진솔한 모습으로 포스코에 다가가고, 포스코는 시민과 함께 고민하며 다가오는 공존동생(共存同生)의 길을 찾아야 한다. 그 과정에는 이성적이고 합리적인 방안이 마련돼야 함은 당연한 일이다. 그 이유는 바로 포항시와 글로벌 기업 포스코 간의 관계 회복에 포항의 생존이 걸려있기 때문이며, 또한 양자의 자존심이 걸려있기 때문이다.

최근 환율, 금리, 물가 등 3高 영향 본격화에 따른 글로벌 경기 침체 가능성에 대비하기 위해 일부 대그룹이 위기대응 긴급 대책을 수립하고, 비상경영체제를 통해 이에 적극 대응하고 있다. 포스코도 지난해 말 경쟁력 강화를 목표로 지주사 설립 계획을 발표했다. 이에 포항 시민은 포스코에 강하게 반발했다. 이후 포항 시민과의 오해와 갈등은 지금까지 해소되지 않고 계속되고 있는 실정이다.

철강도시와 해양관광도시의 이미지를 다듬려던 포항 곳곳에는 지금 붉은 바탕에 노란색 글씨의 현수막들이 어지럽고, 흉물스럽게 걸려있다. 포항시민과 자생단체들이 포스코를 성토하기 위해 내건 현수막들이다.

포항시민과 단체들은 협의에 조속한 진전이 있기를 바라는 마음이고 포스코는 포스코대로 약속을 이행하기 위해 준비하고 있다는 입장이지만, 상호 간 신뢰를 먼저 회복하지 않고서는 해결될 수 없는 문제다. 그리고 포스코에 대한 시민들의 과격한 시위나 행동은 50여 년 이상 다져온 상생을 저해할 뿐 전혀 도움이 되지 않는다. 그저 감정의 골만 더 깊어질 뿐이다. 포항시와 포항시민, 포스코가 사는 길은 이대로 대립하기보다는 상호신뢰를 회복하고 중심을 잡는 것이 급선무라고 본다.

포항시민과 단체, 포스코는 서로의 입장만을 내세워 평행선을 달리듯 해서는 사태 해결에 아무런 도움이 안 된다. 가슴을 열고 진정성 있는 만남을 가져야 하며, 포항시도 보고만 있지 말고 사태해결에 적극 나서야 한다. 아울러 포스코는 당초 합의사항을 이행하려는 자세를 보이고, 시민과 단체도 인내심을 가지고 포스코와 끊임없이 대화하며 소통해야 한다.

포스코 지주사(포스코 홀딩스), 미래기술연구원 포항 이전에는 주주 설득이라는 전제조건이 있는 만큼 서로 감정만 내세워서는 해결이 더뎌질 뿐이다. 자칫 조급함만 앞세워 서로의 입장만 고집하면 포항시민과 단체, 포스코가 모두 피해의 당사자가 될 수 있다.

포항시와 포항시민, 포스코의 생존은 결코 독립적으로 존재할 수 없다. 톱니바퀴처럼 하나가 되어야 한다. 포항은 54년간 포스코와 상생을 하며 지내왔다. 포스코와 포항시민은 떼어놓고 생각할 수 없는 일심동체의 관계다. 포스코 근로자도 포항시민이다. 이번 일로 극한 말과 행동, 법적 조치로 상대에게 깊은 상처를 주면 안 된다.

아울러 지역 정치인들은 민감한 사안이라는 이유로 눈치 보며 사태추이를 관망만 해서는 안 될 것이다. 다시 한 번 강조하지만, 이는 포항시민 전체의 생존이 걸린 문제이기 때문이다.

오래 걸을 수 있는 사람

- 2022.07.13 -

열흘 전 이른 아침이었다. 집 근처 철길숲을 1시간여 걷고 들어와 씻기 위해 욕실에 쪼그리고 앉아 머리를 감고 일어서다가 순식간에 허리를 삐끗했다. 허리가 끊어지는 고통을 느끼며 간신히 세면대를 짚고 일어섰다. 욕실을 나와 잠시 누웠다가 출근 시간이 되어 억지로 일어나 차를 몰아 회사로 향했다.

하는 일이 글 쓰고, 고치고, 편집하는 일이기에 그나마 어떻게든 참으면서 하루를 버텼다. 책상에 앉았다 일어서거나 섰다가 앉을 때는 허리통증이 심해 입에서는 '아야야'하는 소리가 저절로 새어나왔다. 퇴근해서 집에서 쉴 때도 마찬가지였다.

다음날은 마침 쉬는 날이어서 동네 한의원을 찾아가 접수를 하고 안마의자에 몸을 맡긴 채 차례를 기다렸다. 이윽고 침을 맞고, 부항을 뜨고 물리치료를 하고 나서는 파스까지 붙였다. 하지만 통증은 조금도 나아질 조짐이 보이지 않았다.

매주 토요일마다 산을 좋아하는 선후배 몇 명과 등산을 한 지 햇수로 7년 가까이 되었다. 등산은 심폐지구력, 균형감각 등을 키우는 데 효과적이다. 지난해 여름에는 새벽 3시에 설악산 오색에서 출발해 대청봉을 찍고 희운각 대피소에서 마등령, 천불동 계곡을 따라 비선대 방향으로 전문 산꾼들의 전유물인 공룡능선까지 17시간을 종주했다. 그래서인지 나름 건강에 대한 자신감을 갖고 있었다.

그동안 이른 새벽 철길숲이나 부학산을 오르거나 주말이면 전국의 명산을 자유롭게 걸으면서 나만의 자유를 마음껏 누렸었다. 그런데 어이없이 허리를 삐끗해 옴짝달싹 못 하고 벽에 기대어 한 걸음씩 옮길 때마다 '아야야' 소리를 달고 있으니 기가 막혔다.

아니나 다를까, 저녁에 후배한테서 산행 연락이 왔다. 사정을 얘기하고 등산은 포기하기로 한 후, 조금은 수월할 것 같은 역사여행에 따라나서기로 했다. 가끔 만나 막걸리 마시며 인문학을 공부하는 모임 7명의 멤버 중 1명이지만 그동안 한 차례도 동행하지 못해 미안하던 참에 잘됐다 싶었다.

역사여행은 연화재 주차장에 아침 7시에 집결해서 스타렉스 11인승으로 충남 예산 수덕사, 개심사, 해미읍성, 김좌진 생가, 한용운 생가를 방문한 후 저녁 8시에 도착하는 나름 강행군 코스였다.

출발 시간이 되어 회원들이 속속 모여들자 혹시 아픈 몸을 이끌고 따라나선 것이 회원들에게 피해를 주지 않을까, 은근히 걱정되기도 했다.

　회원들이 현장 역사 공부라는 목적을 가지고 떠난 하루 일정에 따라나선 것은 서거나, 앉을 때만 허리에 심한 통증이 있을 뿐, 걷는 데는 문제가 없을 것 같아 용기를 내 동행하기로 한 것이다. 차에 타고내릴 때는 많은 고통이 따랐지만, 회원들과 그럭저럭 즐거운 하루를 함께 할 수 있어서 다행이었다.

　그런데 일요일이 되자 전날에 무리한 탓인지 허리의 통증은 더욱 악화되었다. 오전 내내 꼼짝 않고 누워있었다. 모든 게 귀찮게 느껴졌다. 겨우 점심을 먹고 차를 몰아서 회사로 출근해 통증을 참으며 기사를 마감하고 퇴근을 했다.

　그러나 다음날도 나아질 기미는 보이지 않았고, 고통을 버티다가 미련스럽게 열흘 만에 다시 한의원을 찾았다. 연이틀에 걸쳐 두어 시간 물리치료를 받고 나니 왠지 한결 나아진 것 같았다. 시간이 조금 흐른 탓인지는 몰라도 한의사는 조금만 있으면 좋아질 거라고 했다.

　허리통증이 조금씩 나아지자 이번에는 으른쪽 무릎이 시큰거리고 왼쪽 엉덩이에까지 통증이 왔다. 그렇게 열흘을 보내고 나니 미세한 통증은 있지만 조금은 살만해졌다. 곧 괜찮아질 것이라는 믿음도 생겼다.

 이번 일을 겪으면서 그동안 자신감을 가졌던 건강에 대해 새로운 생각을 하게 되었다. 아파보지 않으면 아픈 사람을 이해할 수 없으며, '하늘을 날고 바다 위를 걷는 것이 기적이 아니라 땅 위를 걷는 것이 기적이다'라는 말도 실감하게 되었다. 친구는 내 이야기를 듣고는 자기는 허리 때문에 1년에 꼭 한 번씩 치르는 연중행사라며, 나이가 들면 늘 조심하는 수밖에 없다고 웃으면서 말했다.

 반복된 일상 속에서 쉼표를 찍는 것이 죽음이라면 오래 걸을 수 있는 사람이 행복한 사람일 것이다. 우리가 걷기운동을 하는 이유는 더 오래 건강하게 살고 싶어서다. 이 세상 모든 좋은 일도 건강이 따라주지 않으면 할 수 없다. 특히 걸을 수 없으면 삶의 질이 현격히 저하된다. 세상의 주인공은 걸을 수 있는 사람이다. 아파 봐야 건강한 하루하루가 선물이고, 모든 순간이 기적임을 알게 된다. 허리 통증이 덜 나아 아직은 고생하고 있지만, 매사에 감사하며 겸손하게 살아야겠다는 생각을 하게 된 소중한 시간이었다.

카페 '고호'와 흰 강아지 '팔이' 생각

- 2022.03.21 -

영덕 읍내에 '고호'라는 카페가 있다. 그곳 여주인은 초벌 도자기에 그림을 직접 그려 가마에 구워 작품을 만드는 예술가다.

나는 많은 화가 중에서도 아메데오 모딜리아니를 좋아한다. 모딜리아니는 유태인 집안의 이탈리아 화가, 즈각가로 리보르노에서 태어나 파리에서 36세에 사망했다. 그는 평성을 늑막염, 폐렴, 폐결핵 등 각종 병마와 함께 살았으며, 수점의 풍경화를 제외하면 인물 밖에는 그리지 않았다.

지난해 겨울, 12월 세 번째 주말이었다. 매주 토요일에 만나는 산우(山友)들과 이른 아침 울진군 온정면에 소재하는 백암산 등산을 위해 떠났다. 산과 계곡, 바다를 바라보며 금강송 숲이 뿜어내는 피톤치드를 만끽할 수 있고, 산행 후에는 온천에서 피로도 풀 수 있는 곳이기 때문이다.

자동차를 달려 백암산 입구에 도착, 산을 오르기 전에 커피 한 잔을 하고자 커피숍을 찾았지만, 문을 연 곳이 한 군데도 없었다. 차를 타고 마을을 돌며 찻집을 찾고 있는데, 마침 영양에 사는 후배한테서 전화가 왔다. 인근에 있는 청송 부동면의 한 식당에서 염소를 잡아 지인들끼리 나눠 먹기로 했다며 점심시간에 맞춰 오라고 했다.

다행히 후배는 식당 근처에 팔각산이 있다며 점심을 먹고 그곳을 오르라고 했다. 일행은 백암산 산행을 포기하고 나오면서 시간도 어중간하고, 울진에서 못 마신 커피를 영덕에서 해결하고 가기로 했다.

청송 가는 길목에 자리한 영덕읍 소재지에 들러 커피숍을 찾다가 우연히 눈에 고호라는 카페가 눈에 띄었다.

카페 문을 열고 들어가니 주인으로 보이는 중년여성이 청소도구로 바닥을 닦고 있었다. 영업을 하느냐고 물으니 이제 막 문을 열었다며 들어오라고 했다.
일행은 카페 고호로 들어가 자리를 잡고 실내를 둘러봤다. 벽면과 탁자를 비롯해 곳곳에는 유명화가의 그림과 문양들이 새겨진 도자기 접시, 컵 등이 진열되어 있었다. 잠시 쉬며 커피 한 잔 마시려고 들렀다가 뜻밖에 많은 도자기류의 예술작품을 감상하는 호사를 누리며 주인과 마주앉아 대화를 나눌 시간을 가졌다.

이윽고 후배와 만나기로 한 시간이 되어 카페에서 일어나 식당으로 자리를 옮겼다. 후배의 지인들은 식당의 방에서, 우리 일행은 홀에서 맛있는 점심과 염소 요리를 배부르기 먹었다. 후배는 같이 온 지인들과 인사도 시켜줬다.

점심을 먹고 산우들은 근처에 있는 팔각산으로 향했다. 팔각산 주차장에 도착해 산 입구에 차를 세우고 등산화를 고쳐 신고, 가방을 둘러매고, 스틱을 챙기는데 어디서 나타났는지 젖을 겨우 뗀 정도로 보이는 흰 강아지 한 마리가 꼬리를 흔들며 주위를 맴돌았다. 그러더니 일행들이 산을 오르기 시작하자 쫄래쫄래 따라 올라왔다. 산 초입 108계단을 폴짝폴짝 뛰어 따라오길래 곧 내려가겠지 하는 생각으로 그대로 두었다.

그런데 흰 강아지는 1봉부터 8봉까지 일행들과 같이 오른 후 출발지인 팔각산주차장까지 완주했다. 처음부터 끝까지 험한 팔각산을 함께 등산한 것이다. 걸음도 겨우 걷는 강아지가 등산 내내 산행대장이자 선배의 발꿈치 뒤를 바짝 따르면서, 뒤를 돌아보며 일행을 기다렸다가 다시 뒤뚱뒤뚱 뛰어가기를 반복했다. 한 봉우리씩 올라 쉴 때마다 같이 쉬면서 동행을 했다. 나는 버낭에 넣어간 초콜릿을 쉴 때마다 강아지에게 나눠줬다. 산을 타다가 낭떠러지나 급경사를 만나면 어쩔 줄 몰라 하거나 겁내는 모습을 보면 얼른 안아서 산우들의 손으로 전달해 가면서 겨우 오르내리길 수없이 반복했다.

그러는 사이 산우들과 가족같이 친해지면서 사진도 많이 찍고 쓰다듬으며 정을 나눴다. 무사히 함께 등산을 마친 강아지가 너무 귀엽고 대견해서 집으로 데려오고 싶었다. 하지만 주인이 있는 개라고 생각해서 김밥 몇 줄을 주고 먹는 사이에 재빨리 차에 올랐으나 막상 헤어지니 너무 섭섭했다. 선배는 이 이름도 모르는 흰 강아지를 처음에는 '팔각'이라고 이름을 지어 부르다가 '팔이'라고 부르기로 했다.

팔각산(八角山)은 영덕군 달산면(達山面) 옥계리에 있는 628m의 봉우리다. 계곡을 끼고 뾰족한 8개의 암봉(巖峯)이 이어져 있어 '옥계팔봉'이라고도 부른다. 높은 산은 아니지만, 각종 기암괴석과 급경사, 암벽 등으로 인해 산세가 험한 편이라 곳곳에 로프와 철봉이 설치되어 있다. 이날 오후 2시 30분에 시작된 등산은 8봉을 오르내린 후 해가 지고 앞이 보이지 않을 정도의 어둠이 내린 5시 30분에 내려왔다.

그날 이후 선배와 나는 팔이가 어떻게 지내는지 무사히 자기 집으로 돌아갔는지 궁금해하고 있었다. 어느 날 선배는 팔이가 눈에 삼삼하다며 그곳에 팔이가 아직 있는지 가보자고 했다. 하지만 차일피일 미루다 보니 가지 못했다.

지난 1월 셋째 주 오전 8시 30분, 울진군 온정면과 영양군 수비면 죽파리 경계지역에 자리한 백암산(1,004m)으로 향했다. 가는 도중에 카페 고호에 들러 차 한 잔을 나눴다. 여주인은 우리 일행을 반갑게 맞아줬다.

그날 카페에 전시되어 있던 도자기 접시에 그려진 반 고흐의 <자화상>과 모딜리아니의 <큰 모자를 쓴 잔 에뷔테른>에 눈길이 갔다. 여주인에게 팔면 안 되겠느냐고 물었더니 반 고흐는 곤란하고 모딜리아니는 그렇게 하겠다고 해서 싼 가격에 구입할 수 있었다.

모딜리아니는 잔과 함께한 3년간 그녀를 모델로 여러 작품을 그렸다. 그중 특히 유명한 그림이 <큰 모자를 쓴 잔 에뷔테른>이다. 우수를 담고 있는 신비로운 얼굴, 에뷔테른을 카페 고호의 여주인 덕분에 서재에 두고 매일 가슴 설레며 보고 있다.

그날 카페 고호에서 잠시 쉬면서 차를 마시고 백암산에 도착하니, 12시 20분. 곧바로 내선미마을, 용소, 합수곡, 정상 갈림길, 백암산 정상에서 하산하는 신선계곡탐방로 걸었다.

백암산 겨울은 눈이 많이 쌓이는 곳으로 유명하다. 아침 일찍 산행하면 정상에서 동해 일출의 장관도 만날 수 있다. 정상의 북쪽 계곡에는 선시골(일명 신선골) 등 용이 살았다는 늪을 비롯해 수십 개의 늪과 담이 있고, 아래 능선에는 신라 때 쌓은 고모산성, 할매산성, 조선 선조 때의 백암산성이 있다.

저녁 6시 20분이 되어서야 하산한 일행은 백암온천에서 하루의 피로를 풀었다. 백암온천은 수온이 섭씨 48도이고, 라듐이 많이 함유되어 있는 국내 유일의 방사능 알칼리성 온천으로 숙박시설을 비롯한 여러 가지 관광편의시설이 우수하다. 이곳 온천수는 신경통, 만성 관절염, 동맥경화증 등 여러 질병에 효과가 있다고 알려져 있다.

시간이 그렇게 많이 지난 것은 아니지만, 카페 고호의 여주인과 흰 강아지 팔이는 어떻게 지내고 있는지 몹시 궁금하다. 진달래가 활짝 피는 날, 팔각산주차장과 카페 고호에 바람처럼 다녀올 생각에 벌써부터 마음이 설렌다.

노후를 준비하는 삶

- 2022.02.16 -

세계 어떤 나라보다도 우리나라는 인구의 노령화가 급속히 진행되고 있다. 여기에 다양한 사회변화를 겪으면서 생산성의 기준을 나이에 맞춤으로써 고령화 사회와는 거리가 먼 방향으로 삶의 여건이 급변하고 있다.

우리나라 베이비붐 세대의 은퇴자산을 조사한 통계에 따르면 평균 순자산이 3억 원도 되지 않는다. 3억 미만의 경우가 50.9%로 절반이 넘는다.

은퇴자산 조사 결과에서 볼 수 있듯이 퇴직 후 노후는 스스로 준비할 수밖에 없다.

늘 꿈을 가지고 살다 보면 꿈을 꾸는 사람을 만나게 된다. 모든 사람에게는 건강이 제일이므로 운동은 기본이다. 그리고 노후 준비를 위해서는 먼저 자신을 진지하게 마주하며 생각할 시간이 필요하다. 퇴직 후 30년의 생을 살아가야 하기 때문이다. 퇴직 후의 삶을 위해서는 먼저 필요한 근육을 만들어야 한다. 그 근육을 만드는 데 10년이 넘게 걸린다.

일본의 경영 컨설턴트이자 작가인 간다 마사노리는 "99%의 사람은 현재를 보면서 미래가 어떻게 될 것인지 추측하고, 1%의 사람은 미래를 내다보면서 지금 현재 어떻게 해야 할지를 결정한다. 그리고 대부분 사람은 1%의 사람들을 이해하기 어렵다"는 말을 했다.

현직에 있는 사람은 자신의 미래를 수시로 생각해 보고 지금 뭘 해야 할지 결정해야 한다. 무엇을 하며 살아야 할지를 정했다면 시간을 내서 조금씩 실천을 해 나가는 것이 필요하다. 원하는 삶을 살기 위해서는 실천을 통한 습관 들이는 것이 무엇보다 중요하기 때문이다.

습관은 당장 바꿀 수 있는 게 아니다. 매일 꾸준히 반복해야 한다. 하루도 빠짐없이 늘 같은 시간에 되풀이하는 것이 핵심이라는 말이다.

습관은 최소한 3주 이상은 꾸준히 노력해야 어느 정도 만들어진다고 한다. 3주가 지나서 이제 습관화가 되었다고 마음을 놓는 순간 원상태로 되돌아가는 것도 다반사다. 준비하는 사람에게 필요한 것은 과거도 미래도 아닌 지금 이 순간을 최선을 다해 사는 것이다.

우리는 늘 다른 사람의 눈치를 보면서 어떻게 기분을 맞출까 고심한다. 그게 불행의 시작이다. 내가 어떤 사람인지 제일 잘 알 수 있는 방법은 글을 쓰는 것이다. 글의 재료는 경험이기에 글을 적으면서 몰랐던 나를 발견할 수 있다.

퇴직 후 행복한 노후를 살려면 사람, 돈, 일 삼박자를 갖춰야 한다. 세월이 가면서 만나는 사람도 바뀐다. 은퇴 후에는 내가 외롭지 않을 만큼의 사람과 돈과 일이 필요하다. 이 모든 건 갑자기 되는 것이 아니다. 많은 시간과 노력이 필요하다.

은퇴 후 필요한 것은 경력이 아니라 경쟁력이다. 경쟁력을 갖춰야 멋진 인생을 살 수 있다. 미리 준비하는 삶은 노년에 행복을 가져다준다. 물론 준비하는 시간이 조금은 바쁘고 때로 힘도 들지만, 마음은 늘 행복하다.

자신이 하고 싶은 일을 찾아서 한다는 건 즐거운 일이다. 내가 아는 나와 타인이 보는 내가 다를 수 있다. 내가 몰랐던 나를 발견함으로써 다른 꿈이 생길 수도 있다.

인간은 물질적·경제적 기반 위에서 삶을 꾸려나가는 존재다. 이 문제가 해결되지 않으면 행복하기 어려운 것이 사실이다. 또한, 인간은 일함으로써 자신의 존재감을 느끼고 자신의 가치를 실현한다. 도시의 부유한 자식을 둔 노부모가 시골에서 노구에는 벅차 보이는 농사를 고집하는 까닭을 미루어 보면 쉽게 이해할 수 있다.

나이가 들어서 하는 일의 노동 생산성은 낮다. 그럼에도 불구하고 일을 통해서 삶의 의미를 성취할 수 있는 것이다.

노후를 준비하지 못한 사람은 이웃과 친구 사이에 둘러싸여 개인의 고통을 이겨내기 힘들고, 이때 그 사람은 삶의 지표를 잃고 방황하게 된다.

아무리 사회가 물질적으로 풍요하고, 사회적 질서가 견고하다고 해도 내 삶까지 책임져 주지 않는다. 현역이 은퇴를 앞두고 미래를 내다보며 노후를 위해 준비하는 삶을 살아야 하는 이유다.

살아있는 동안 부끄럽지 않은 삶을 살겠다

▸ 김진하 선생님 영전에 ◂

- 2022.01.18 -

    자랑스러운 동지인상 수상자, 포항 교육계의 산 증인, 인간 상록수 김진하 선생님께서 지난 16일 황망히 우리 곁을 떠났습니다. 세상 모든 사람이 가야 할 길, 사랑하는 가족들을 두고 떠나고 싶지는 않으셨겠지만, 선생님께서도 세월을 거스를 수는 없었을 겁니다.

    저는 2017년 새해 입춘, 천지의 만물이 새롭게 시작하는 경사스런 날. 이명박 전 대통령을 비롯한 수많은 인재 양성에 힘을 기울여 지역 발전과 모교 발전에 커다란 업적을 남긴 김진하 선생님을 동지 총동문회 회장단 이·취임식 행사장에서 뵈었습니다.

    김진하 선생님께서는 고향이 경북 포항시 동해면으로, 동지재단을 설립한 故 평보 하태환 선생의 제자로서 동지중학교를 1회로 졸업했습니다. 당시는 지금과 학제가 다른 중·고교 통합과정이었습니다.

    김 선생님은 이후 1953년부터 동지교육재단에서 수학교사로 중·고생들을 가르치며 퇴직할 때까지 33년간 헌신하셨습니다. 그가 받은 월급은 힘들고 가난한 제자들의 등록금으로 대부분 지출했다고 합니다. 가정형편이 어려운 제자들을 보면 그냥 있을 수가 없었기 때문이라고 했습니다.

이명박 전 대통령도 김 선생님께서 아끼는 많은 제자 중의 한 명이라고 들었습니다. 평생 교직에 몸담았다가 퇴직 후 1954년 초대부터 6대까지는 동지총동문회장을 맡아 모교 발전에 초석을 다지면서 후배들이 탄탄한 길을 걸어갈 수 있도록 토대를 만드는 일에 헌신하셨습니다.

김 선생님은 평생 교육자로서 재직 시나 퇴임 후에도 교육자의 본분을 잊지 않고 동료와 제자들에게 모범을 보이는 교육자의 삶을 올곧게 실천하며 살았습니다. 그를 아는 모든 사람은 그가 '인간 상록수, 뼛속까지 교육자'라고 입을 모으고 있습니다.

김 선생님의 자녀들은 모두 학교관사에서 태어나서 자랐다고 했습니다. 당시 교사의 월급으로 편안하게 살아갈 수 있었지만, 집안은 늘 쪼들리고 힘들게 살았습니다. 김 선생님이 받은 월급 대부분이 제자들의 학비로 지출되었기 때문이었습니다. 그래서 가족이 늘 불만스러워 했다고 회고하기도 했습니다.

2017년 1월 4일, 그는 2017년 동지중·고 총동문회 정기총회 및 회장단 이·취임식에서 영예로운 제9회 자랑스러운 동지인상을 수상했습니다. 이날 객석에서는 축하의 박수가 그치지 않았습니다. 그동안 대선배이자 스승인 김진하 선생에게 후배와 제자들이 수상을 여러 차례 제의했지만, 계속해서 거부하는 바람에 어렵게 성사된 자리였기 때문입니다.

김 선생님은 "저는 오랜 역사와 전통을 자랑하는 동지인이 된 것에 대해 자부심을 가지며 평생을 살아왔습니다. 1회 졸업생, 동지재단의 교사로서 국가와 지역 사회의 기대에 부응하는 동지인 양성을 위해 주야간 8시간씩 수업을 하며 혼신의 노력을 다했습니다"라면서 "막상 오늘 자랑스러운 동지인상을 받고 보니 감회가 남다름을 느낍니다. 부족한 저에게 이렇게 영광스런 상을 주신 동문 모두에게 진심으로 감사를 드립니다. 제가 살아있는 날까지 동지인으로서 부끄럽지 않은 삶을 살겠습니다"라며 수상소감을 전했습니다.

김 선생님께서 직접 준비해 온 수상소감을 연단에서 또박또박 읽어 내려가는 순간 울컥하는 마음과 함께 장내는 잠시 숙연해지기도 했습니다.

제자인 이명박 전 대통령도 이날 "오늘 자랑스러운 동지인상을 수상하시는 김진하 선생님과 가족들에게 진심으로 축하들 드립니다. 건강하게 오래오래 우리 곁에 계시길 바라마지 않습니다"는 메시지를 보내왔습니다.

　동지교육재단의 70여 년의 역사이자 남다른 제자 사랑으로 '지역 교육계의 산 증인, 인간 상록수'로 불리던 김진하 선생님은 늘 겸손하셨고, 평생을 사랑으로 가득한 눈빛으로 이웃을 대하셨습니다.

　그는 "1946년 故 하태환 선생께서 교육의 불모지 포항에 사학을 설립해 오늘날 명문으로 만들었다. 동지 혼으로 참을 알고 의를 좇고 덕을 닦으며, 도전하는 강한 기상을 가진 동지인 여러분들이 항시 모교를 지키고 있는 한 동지재단은 영원무궁할 것이라고 생각한다"며 환한 미소를 지으셨습니다.

　그의 미소를 보면서 문득 조선 중기 서산대사의 시가 생각났습니다.

　　눈 내린 들판을 밟아갈 적에는
　　그 발걸음을 어지러이 걷지 말라
　　오늘 걸어가는 나의 발자국은
　　뒤에 오는 사람의 이정표가 되리니

　포항 교육계의 거목, 후배 교사와 제자들의 오랜 정신적 지주였던 김진하 선생님.

오늘 선생님을 떠나보내며 동지인으로서 함께 했음을 자랑스럽게 여기며 살아가겠습니다. 또한 "살아있는 동안 부끄럽지 않은 삶을 살겠다"는 선생님의 말씀 두고두고 새기며 살아가겠습니다.

선생님께서는 홀연히 우리 곁을 떠나가지만 진정 복 있는 삶을 살다가 가셨다는 생각이 듭니다. 이승에서의 수고와 헌신과 눈물이 천국에서 해같이 빛나리라 믿습니다.

그동안 선생님의 사랑에 진심으로 고마움을 느끼며 깊은 존경을 표합니다.

이제 인간 세상의 희로애락을 모두 잊으시고 부디 새로운 세상에서 편히 영면하시길 기도합니다. 김진하 선생님. 사랑합니다.

신축년 달력을 떼면서

- 2021. 12. 30 -

　해를 넘길 때마다 항상 느끼는 마음이지만, 마지막 한 장 남은 신축년 달력을 떼면서 올해는 유난히 아쉬움이 남는다. 결코 가볍지 않았던 올해도 이제 하루면 끝이다.
　일찍 찾아온 매서운 추위 때문에 따뜻한 곳을 자꾸 찾게 되고 외출하기가 싫어지는 해의 끝자락. 올 한 해를 어떻게 보냈는지 되돌아보면 분주하게, 피곤할 정도로 정신없이 보낸 것도 같은 데 뚜렷한 결실이 없다. 아니, 눈에 보이거나 느껴지지 않는다.
　나를 목마르게 했던 갈증의 또 다른 이름 갈애(渴愛)에 끊임없이 시달렸지만 결국 남은 것은 생활과 생존에 대한 애착뿐이었다.

　모든 사람은 태어날 때 백지 한 장을 가지고 태어난다. 그 한 장의 백지에 그리는 삶은 순전히 각자의 몫이다. 어떤 사람은 인생의 백지에 아름다운 그림을 그릴 것이고, 또 다른 사람은 그렇지 못한 그림을 그릴 것이다.
　인생은 길다고 생각하면 길고, 짧다면 짧은 시간이지만 죽을 때 남는 한 점의 그림에 대한 평가는 냉혹하다고 본다.

　우선 개개인이 스스로 평가해서 후회하는 삶이 순간이 많다면 그 인생의 그림은 졸작이 될 것이고, 그렇지 않다면 명작으로 남을 것이다. 명작은 세월이 지남에 따라 더욱더 빛을 발하지만, 졸작을 남긴 사람은 두고두고 오명을 씻을 수 없을 것이다.

우리는 후회하지 않는 삶을 살기 위해 촌음을 아껴서 최선을 다해야 한다고들 말한다. 하루하루 최선을 다하는 삶이 모여 최후의 한 점 그림이 탄생하기 때문이다. 매 순간을 선하게, 부지런히, 즐겁게 산다면 죽음을 앞두고 후회하지 않는 아름다운 그림을 남길 수 있을 것이다. 한 해를 보내면서 그동안 나는 백지에 어떤 그림을 그려왔는가? 과연 후회 없는 삶을 위해 최선을 다했는가?

장 폴 사르트르는 "인간은 정지할 수 없으며 정지하지 않는다. 그래서 현 상태로 머물지 아니하는 것이 인간이며, 현 상태로 있을 때, 그는 가치가 없다"고 했다. 교황 베네딕토 16세도 그의 대담집 《세상의 빛》에서 "사람으로 사는 것은 오르기 힘든 산을 타는 것과 같다. 그러나 그런 굽이를 거쳐야만 비로소 정상에 오르고 그래야만 존재의 아름다움을 경험해 볼 수 있는 법"이라고 했다.

고귀한 목표를 향해 전진하는 사람들은 어느새 고귀한 인간이 되어가는 것이다. 개인적으로 냉정하게 한 해의 일들을 평가해보면 그동안 삶에 대한 철학도 없이 살아온 부적격자는 아니었는지, 살아온 내 삶에 당당할 수 있는지, 삶의 질을 높이기 위해서 목표와 희망을 가지고 현실에 충실했는지를 생각해 본다면 결코 모든 물음에 예스라고 대답할 수 없을 것이다.

가까운 이웃들과의 관계는 또 어떠했는가. 성냥갑처럼 포개어져 살고있는 아파트 위 아래층의 물소리를 듣고 살면서도 서로 얼굴을 마주해 평화의 인사 한 번 나누지 못했고, 마음의 소리에는 귀를 막고 듣지 않고 보낸 시간들이었다.
그동안 수없이 많은 해를 맞이하고 보냈으면서도 한 해의 끝자락에만 서면 경건해지는 것은 왜일까. 그것은 아마 새해가 우리에게 주는 유일한 선물, 아름다운 꿈을 꿀 수 있는 특권 때문일 것이다.

새해에는 소리에 놀라지 않는 사자처럼, 그물에 걸리지 않는 바람처럼, 진흙에 더럽혀지지 않는 연꽃처럼, 일상의 삶에서 끝없이 움켜쥐고 싶어 하는 세상의 물질적인 욕망들을 조금씩 내려놓으면서 도덕적 욕망을 추구하는 그런 삶을 살아가도록 해야겠다.
의무감으로 행하는 가식에서 벗어나 좀 더 나 자신을 자유롭게 풀어놓으면서, 가능한 한 서두르지 않고 매 순간의 삶을 음미하며 실존에 대한 물음을 던지며 살아갈 수 있도록 말이다.

그러기 위해서는 오늘과 같은 내일, 올해와 같은 내년이 되지 않도록 노력해야 할 것이다. 아울러 얼마 남지 않은 시간 동안 장마철 물레방아 돌아가듯 쉬지 않고 힘들었던 일들을 모두 마무리하고,

갈증에 목말라 허둥대던 집착에서 벗어나 자유롭게 되어, 신축년보다 더 나은 새날들로 임인년이 채워지기를 염원해 본다.

한 해의 끝자락에서

- 2021.12.23 -

　한 해의 끝, 12월이 되면 크리스마스트리가 곳곳에 세워지고, 구세군 자선냄비는 어려운 이웃을 위한 사랑의 모금을 시작한다. 매서운 추위만큼이나 사람들의 마음도 바빠지고 발걸음은 평소보다 빨라진다.

　성당과 교회에서는 성탄절 전야 미사와 감사 예배가 열리며 촛불의식이 진행된다. 한 해의 마지막 날은 송구영신 예배를 드리며 하나님의 은혜에 감사하고 새해에도 믿음으로 살 것을 다짐한다. 감사와 은총, 용서로 한 해를 마무리하는 것이다. 촛불은 함께 편안하고 따뜻한 삶, 이른바 휘게(Hygee Life)의 표상이다.

　여러 가지로 분주한 연말, 햇살이 좋은 휴일에 모처럼 가족과 함께 식사를 하고 희끗해진 머리를 염색하고 집을 나서 단골서점으로 향한다. 서점에 들러 새로 나온 책들과 인문학 분야의 책을 유심히 들여다보며 여러 권의 책을 골라 들고 계산을 마친 후 선배가 운영하는 카페에 들렀다.

　카페에 앉아 선배가 직접 로스팅한 커피 한 잔과 건강하게 구운

빵 한 조각을 맛보며 노트북을 켜고 순식간에 지나간 시간을 되돌아본다.

흘러간 세월 속에는 쨍쨍한 햇살처럼 밝고 화사했던 날, 천둥번개가 치고 먹구름이 끼고 무서웠던 날, 길가에 떨어진 낙엽처럼 이리저리 채이며 힘들었던 날, 햇빛에 반사된 백설처럼 눈부시게 아름다웠던 날들이 모두 들어있다.

정초, 비학산에 올라 해맞이를 하면서 내 옆에서 나를 사랑하는 이들에게 사랑을 주려고 다짐했었다. 하지만 일상의 사소한 것조차도 마음속에 그어놓은 한계로 인해 그러지 못한 적이 많았다. 그러면서도 나만의 시간을 갖고 스스로를 되돌아보며 진심으로 반성하지 않았고 화해하려는 마음도 갖지 않았다.

회사 근처, 저녁 먹으러 자주 가는 단골식당에는 "감사하는 사람은 주변에 적이 없고, 뉘우치는 사람은 마음에 못이 없다"는 글귀가 붙어있다. 그 글을 늘 접하면서도 감사와 반성에는 인색했다.

삶의 시작과 끝은 모두에게 같다. 모든 사람이 빈손으로 와서 빈손으로 간다. 그리고 삶의 시작과 끝에서는 가진 것이 많았고 적었던 것으로 한 인생의 의미를 평가하지는 않는다. 인생을 잘살고 못산 것은 각자의 생각일 뿐이다. 성공이라는 것도 결국은 살아가면서 어제보다 오늘, 오늘보다 내일이 조금씩 나아지는 사람이 되는 것이 아닐까 싶다.

　한 해의 마지막 달력을 떼어내는 느낌도 각자마다 그 의미가 다를 것이다. 어떤 이는 행복한 한 해로, 어떤 이는 지긋지긋한 해로 생각하는 사람도 있을 것이기 때문이다.
　한 해의 의미는 각자에 따라 다를 수 있겠지만, 올 한 해는 대체로 코로나19로 매우 우울했으며, 우리 사회 전반에 소통의 부재로 인한 갈등이 심각했다고 느끼고 있다.

　신축년은 이제 끝나가고 있다. 시간은 참 빠르게 지나간다. 한편으로는 시원섭섭하기도 하다. 아놀드 토인비는 세계사를 도전과 응전의 역사라고 갈파했다.

　정초, 비학산에 올라 해맞이를 하면서 내 옆에서 나를 사랑하는 이들에게 사랑을 주려고 다짐했던 것처럼, 새해 첫날 떠오르는 해를 보내려고 바닷가나 산으로 많은 사람이 몰려갈 것이다. 시간은 사람을 기다려 주지 않는다. 우리 모두 경건한 마음으로 여러 가지로 힘들었던 신축년을 잘 갈무리하면서 임인년 희망찬 새날을 맞이하자.

신축년, 한 해가 다 가기 전에

- 2021.12.06 -

    K신문사에 둥지를 튼 지도 벌써 2년 9개월이 되었다. 가뭄에 단비 오듯, 하는 일마다 순조롭게 풀렸으면 좋았겠지만, 그새 많은 일을 겪었다. 기사를 다루는 신문의 특성상 일상적으로 해야 할 일이기는 하지만, 올해는 어느 때보다 우여곡절이 많았다.

    특히 작년과 올해는 코로나19라는 복병을 만나 예년보다 힘든 시간을 보내서 그런지 세월이 무정하게 지나갔다는 생각이 든다.

    지난해는 문화유적답사를 위한 여행을 한 달간 떠나기로 마음먹고 스페인의 문화를 공부했지만 코로나19로 계획은 수포로 돌아갔다. 이후 코로나의 지속적인 확산으로 스페인 여행은 지금도 미궁 속이다. 그나마 코로나19의 공포 속에서도 1주 1산의 계획을 꾸준히 실천하며, 국내 100대 명산 오르기에 꾸준히 도전하고 있어서 다행으로 생각하고 있다.

    톨스토이는 "세상에서 가장 큰 행복은 한 해가 끝날 때 그해의 처음보다 더 나아진 자신을 느낄 때이다"라고 했다. 한 해의 끝, 지난 1년을 되돌아보면 올해의 처음보다 나 자신이 더 나아진 것인지에 대해서는 의문부호다.

새해 첫날부터 지금까지 수첩에 빼곡하게 적혀있는 하루하루의 일상을 되짚어보면서 '그래도 한 해 동안 나름대로 열심히 살았구나' 하는 생각과 함께, '나 자신에게 집중하는 삶에는 소홀했던 것이 아닌가'하는 반성도 하게 된다.

12월 첫 주 신문사에 출근하고 처음으로 며칠 휴가를 냈다. 일에 지치기도 했지만, 인생을 리셋하는 혼자만의 시간을 갖기 위해서였다.

"때로는 휴식이 당신이 할 수 있는 가장 생산적인 일"이라는 말도 있듯이 사람은 누구에게나 자기만의 시간이 필요하다. 일상에 쫓겨 허겁지겁 시간을 보내는 사람일수록 조용히 자신에게 몰입하는 시간을 갖는 것은 중요한 것이다.

톨스토이의 말처럼 한 해의 처음보다 더 나은 한 해의 끝을 느끼기 위해서는 먼저 자신을 돌아봐야 하는데, 이는 자신만의 시간을 통해서 가능하다.

한 해를 열심히 살아낸 것에 대해 스스로에게 주는 칭찬, 남에게 도움을 받았거나 준 것에 대한 감사, 지난 잘못에 대한 반성 등은 혼자 있는 시간의 힘에 의해 자발적 위안을 받을 수 있다.

자기 자신에게 잘해줄 사람은 자신밖에 없다. 나 스스로 행복해야지, 남이 해줄 때까지 기다리면 서글퍼진다.
철학자 앨리스 콜러는 "진정으로 혼자가 된다는 것은 스스로 선택한 일에 호사스럽게 몰두하는 것이며, 이를 통해 다른 사람의 부재가 아닌 나의 존재를 충만하게 인지하는 것이다. 고독은 곧 성취다"라고 했다.

행복이란 자신이 주인공이 되어 현재를 즐기는 것이다. 지금 여행 중, 지금 등산 중, 지금 맛있는 것 먹는 중, 지금 독서 중……. 결국 지금이 중요하다는 말이다.

휴가 첫날, 오전에는 신문사에 들렀다가 휴가신고와 당면사항을 보고하고 오후에는 자주 들리는 서점을 찾았다. 평소에는 바빠서 오래 머물지 못했던 서점에서 마음을 편히 내려놓고 마음껏 책 구경을 하다 책 몇 권을 구입해서 서점 밖으로 나오니 도시는 이미 어둠이 깔려있었다.
차에 올라 시동을 걸고 네온사인이 하나씩 켜지는 도시 중심지를 벗어나 영일대 해수욕장으로 향했다.

지난 일이지만 영일대 해수욕장 근처에서 20대 후반부터 30대 초반까지 살았다. 당시 북부 해수욕장으로 불렸던 현 영일대 해수욕장은 내 삶의 놀이터이자 영혼의 안식처였다. 이른 새벽 영일만의 일출과 함께 어부의 하루를 여는 뱃고동 소리를 들으며 일과를 시작했다.

백사장을 따라 길게 펼쳐진 어촌마을(두무치, 이내리, 설머리) 앞바다에 조금씩 일렁이는 붉은 해를 천천히 보다 보면 순식간에 바다는 검붉게 물들었고, 파도는 황금빛으로 출렁거렸다.

40년이 지난 어촌마을은 이제 그때의 흔적조차 희미해졌다. 하천이나 골을 사이에 두고 나눴던 마을의 경계는 사라진 지 이미 오래며, 허름한 슬레이트 주택들은 모두 현대식 건물로 바뀌어 카페, 모텔, 레스토랑, 횟집으로 바뀌었다. 정월 대보름이면 마을 주민들이 모두 올라가서 달을 보며 불놀이하던 뒷산은 환호공원으로 개발되어 산책로가 곳곳에 만들어졌다.

환호공원에는 나의 고교 스승이신 아동 문학가 손춘익 문학비, 포항시립미술관, 전망대, 체육공원, 쉼터 등이 자리 잡았다. 최근에는 포스코의 사회공헌사업으로 가로 60m, 세로 56m, 높이 25m, 트랙 길이 333m의 국내 최대 규모의 체험형 조형물인 '스페이스 워크'가 들어섰다.

전망대나 스페이스 워크에서 내려다보면 호미곶, 포스코, 영일만 전경을 한눈에 볼 수 있다. 내년 6월 말이면 환호공원에서 해상

케이블카를 타고 바다 위를 날아다니며 영일만의 아름다운 경치와 야경을 즐길 수 있게 될 공사가 한창 진행 중이다.

북부 해수욕장에 영일대가 들어서면서 영일대 해수욕장으로 이름이 바뀌었고, 조그만 어촌마을은 현대화의 물결 속에서 도시화되었지만 나에게는 변하지 않는 마음의 고향으로 남아있다.

신축년 한 해가 다 가기 전, 일상에 쫓겨 바쁘다는 핑계로 미루었던 시간을 온전히 나 자신만을 위한 시간으로 만들어, 조용한 카페에서 아름다운 밤바다와 바다에 비친 포스코의 야경을 즐기며 커피 한 잔을 마신다.

지나간 순간순간이 모두 소중했다는 생각이 든다. 올해의 처음보다 더 나아진 자신이 되었는지는 아직 의문이지만 또 다가올 새해가 있기에 설레는 마음으로 자리에서 일어선다.

또 한 해를 보내며

- 2021.11.21 -

　벽에 걸린 달력을 보니 올해도 얼마 남지 않은 것 같다. 공자는 제자들에게 세월을 흘러가는 물(流水)과 같다고 했다.

　나이가 들어갈수록 시간이 더 빨리 지나간다는 말을 많이 한다. 나 역시 지난 신축년을 되돌아보면 언제 시간이 이렇게 빨리 지나갔는지 당혹감마저 든다.

　필자는 연초, 일기장 첫 장에 '기자로서의 삶…직업의식 잊지 말아야, 공부하는 기자', '작가로서의 삶…글이 내 앞에 있어야'라고 썼다. 기자와 작가로서의 두 마리의 토끼를 잡겠다는 각오였다.
　하지만 막상 지난 시간을 되돌아보니 많이 부족했다는 생각이 든다. 그나마 다행인 것은 전 국민을 힘들게 했던 코로나에 가족과 회사 동료 중에 확진자가 없었고, 개인적으로는 1주 1산을 오르며 1권의 책을 쓰면서 건강을 지킨 것이다.

　수년 동안 해를 보낼 때마다 떠오르는 글귀는 《고문진보(古文眞寶)》에 나오는 주문공의 권학문(勸學文)이다.

日月逝矣 歲不我延(일월서의 세불아연)

嗚呼老矣 是誰之愆(오호노의 시수지건)

세월은 흐르고 시간은 나를 위해 연장되지 않는다

아아! 늙었다 할 때 이것은 누구의 허물이겠는가

주문공은 중국 송대 성리학의 대성자인 주희로 그를 높이는 뜻에서 보통 주자(朱子)라 부른다.

윗글에서 주자는 공부함에 있어 시간의 귀중함을 이야기하고 있다. 시간은 순식간에 지나가고 있으니 시간을 최대한 잘 이용해야 한다는 것이다.

날과 달은 가고 세월은 나를 위해 더디 가지 않는다. 아 슬프다! 늘었구나, 이것이 누구의 허물인가. 세월은 결코 누구를 기다려주지 않고 무정하게 지나가는 것이다.

少年易老學難成(소년이로학난성)

一寸光陰不可輕(일촌광음불가경)

소년은 늙기 쉽고 학문은 이루기 어려우니

짧은 시간도 가벼이 할 수 없는 것

未覺池塘春草夢(미교지당춘초몽)

階前梧葉已秋聲(계전오엽이추성)

못가 봄풀은 아직 꿈에서 깨지도 않았는데

뜰 앞 오동잎은 벌써 가을 소리를 내 누나

우리는 흔히 어느덧 이라는 말을 자주 쓴다. 세월이 참 빠르다는 말이다. 지나가는 노인들을 붙잡고 물어보면, 모두가 인생이 너무 짧다고 말한다. 일생을 두고 일장춘몽이라는 말도 한다.

주문공은 소년은 늙기 쉬운데 배움은 이루기 어려우니 짧은 시간이라도 가벼이 하지 말고 늘 학문하는 시간을 가지라고 한다.

시간은 인간에게 주어진 가장 소중한 선물이다. 시간이 없으면 우리는 아무 일도 못 한다, 누구에게나 공평하게 주어진 하루 24시간. 이 시간을 어떻게 보내느냐에 따라 인생의 성공 여부가 결정된다.

옛사람들은 시간을 금에 비유했다. 그러나 시간은 금 이상의 것으로, 어떤 것으로도 살 수가 없다. 시간은 생명이요, 생명은 곧 시간이다. 시간을 사랑하는 것은 생명을 사랑하는 것이요, 시간을 허투루 보내는 것은 생명을 낭비하는 것이다. 시간이 늘 내 곁에 있으리라고 생각하면 오산이다. 시간은 광음여시(光陰如是)이다.

영국의 정치가이자 외교관이었던 체스터필드 경(1694~1873)은 "오늘 1분을 비웃는 자는 내일 1초에 운다"고 했다. 어리석은 사람은 시간을 물처럼 쓰고, 현명한 사람은 1초도 황금처럼 아낀다.

　고대 로마의 철인황제 마르쿠스 아우렐리우스(121~180)는 "시간이란 모든 피조물로서는 거역할 수 없는 도도히 흐르는 강물이다. 그 어떤 것이든 눈에 띄자마자 곧 흘러가 버리고 다른 것이 그 자리를 메운다. 그러나 그것 역시 곧 흘러가 버린다"고 했다.

　세네카는 "사람들은 누구나 세월이 빠르다고 불평을 하면서 시간이 무한정 있는 것처럼 행동한다"고 말했다.

　세계인의 성인으로 추앙받는 석가가 설산에서 고행을 하고, 예수가 광야에서 방황을 하고, 공자가 천하를 철환한 것은 만천하의 대중을 품에 안고, 그들에게 밝은 길을 찾아 행복하고 평화스러운 곳으로 인도하겠다는 커다란 이상(理想)을 품었기 때문이다.

　우리가 비록 갑남을녀의 삶을 살아가고 있지만, 어차피 한 번 이 세상에 주어진 인생, 생명이 다할 때까지 자신의 이상을 실현하기 위해 간단(間斷)없이 정진해야 할 것이라는 생각이 든다.

　톨스토이는 "인생의 목적과 그것을 성취하는 방법을 깨닫는 것,

그것이 바로 지혜이다"라고 했다.

　문득 남은 달력을 보니, 또 한 해가 지나가는 것을 느끼게 되고 지나간 시간에 대해 아쉬움이 남는다. 우리는 인생의 성패를 떠나서 살아있는 동안 늘 공부하고 준비하는 삶을 살아야 할 것 같다.

착한 사람을 인정하고 존경하는 사회
- 2021.11.25 -

전래동화에는 착한 사람에 대한 이야기가 많다. '도깨비 방망이', '잭과 콩나무', '흥부놀부' 등이 대표적인 예다.

나의 스승이신 목천 이희특 선생님께서는 항상 선하게, 열심히, 부지런하게 살아야 한다고 하신다. 때로는 당신의 삶 자체를 여기에 기준을 맞추고 살아가시는 듯한 느낌도 받는다.
우리 사회의 질서가 이만큼 유지되고 있는 것은 법과 도덕, 양심에 따라 살아가는 착한 사람들이 많이 있기 때문이 아닌가 싶다.

시간이 갈수록 수단과 방법을 가리지 않고 돈을 많이 벌고 출세한 사람들이 어려운 이웃을 돕고 나누는 사람들보다 더 존경받는 시대가 되어가고 있는 것 같다. 이런 상황에서 자라나는 아이들에게 그저 착하게 살라고 말하기가 쉽지 않다.

명심보감 계선편에는 선(善)의 실행을 강조한 문장이 나온다. 그중에서 "착한 것을 보거든 미치지 못하는 것과 같이 하고, 선하지 못한 것을 보거든 끓는 물을 만지는 것과 같이 하라(見善如不及 見不善如探湯)"는 말이 있다. 이는 선을 행하는 데 힘쓰고 악한 것은 멀리

하라는 뜻을 강조한 것이다.

또한 "착한 일을 하는 사람에게는 하늘이 복을 주고 선하지 않은 일을 하는 사람에게는 하늘이 재앙을 주느니라(僞善者天報之以福 爲不善者天報之以禍)"는 문장도 나온다. 선과 불선의 비교를 통해 사람에게 악을 버리고 선을 행할 것을 강조한 것이다. 선을 실천하는 사람은 하늘이 복을 주고 선하지 않은 일을 하는 사람은 불행하게 만든다는 교훈이다.

최근 한국사회에서는 상상을 초월하는 엽기적 사건들이 계속 터지고 있다. 일명 '지하철 2호선 파이터 할머니'부터 보험금을 노리고 생후 15개월 된 아이를 계획적으로 입양한 후 살해한 주부와 집에 불을 질러 부모와 동생, 할머니까지 목숨을 빼앗은 중학생, 이유 없이 사람을 죽이는 묻지마 사건들이 발생하고 있다.

이는 지나치게 물질을 추구하는 우리 사회의 구조적인 문제와 관련이 깊다. 우리가 목도하고 있는 엽기적인 현실은 자본주의적 욕망이 만들어내는 부산물이다.

일례로 각종 쇼핑센터 쇼윈도에 진열된 수많은 상품들은 우리의 소비욕망을 부추겨 카드를 긁게 만든다. 자본주의는 인간의 욕망을 부추기며 '즐기기 위해 일하라'고 말한다. 즐기기 위해서는 돈을 벌어야 하며 돈을 벌기 위해서는 죽도록 일해야 한다.

자본주의에서 물질적 풍요는 화려한 겉모습과 달리 인간에게 많은 희생을 요구한다. 가지지 못한 자는 가진 자로부터 끊임없이 소외되고 나아가 정신적 결핍을 만들어 사회문제를 일으킨다.

인간의 물질적 욕망은 달리는 자동차처럼 멈춰지지 않는다. 속도를 내면 낼수록 더 달리고 싶은 악순환에서 벗어나기 위해서는 생각을 변화시켜야 한다. 물질적 욕망을 줄이고 자신을 풍요롭게 하는 정신적 자세로의 전환이 필요하다는 말이다.

자본주의적 관계에서 벗어나고 존재의 상실을 회복하기 위해서는 좀 더 조심스럽게 타자와 나의 거리를 좁혀가며 배려와 존중, 자아의 성찰을 동반해야 할 것이다.

비록 늦은 감이 있지만, 지금부터라도 직장이나 학교, 가정에서 이웃을 배려하고 양보할 줄 아는, 선한 사람이 많아지도록 교육을 해야 한다. 나와 우리 가족, 우리나라만 잘살면 된다는 이기적인 생각보다 이웃을 위해 내가 가진 것을 기꺼이 양보할 줄 아는 사람이 되도록 말이다.

우리 사회에 선한 영향력을 끼치는 착한 사람을 인정하고 존경하는 분위기가 꾸준히 만들어지기를 소망한다.

걷기에 좋은 산길, 구룡포 청소년수련원 뒷산

- 2021.07.19 -

'세렌디피티'라는 말이 있다. 영국의 작가 호러스 월폴이 1754년에 쓴 우화 <The Three Princes of Serendip>은 세렌딥 섬 왕국의 세 왕자가 그곳을 떠나면서 뜻밖의 발견을 했다는 데에서 착안한 '뜻밖의 발견'이나 '운 좋은 발견'을 뜻한다.

지난해 초, 구룡포 청소년수련원에 근무하는 후배가 걷기에 좋은 산길이 있다는 말을 했다. 그래서 평소에 산을 같이 다니는 선배와 구룡포 수련원 뒷산을 처음 찾았다. 이후 높은 산에 갈 수 없을 때면 이곳을 찾아 걷다 보니 구석구석 안 가본 곳이 없을 정도가 되었다. 후배의 덕분에 '뜻밖의 발견'을 하게 되었다고나 할까.

포항시 구룡포읍 강사리에 소재한 청소년수련원 뒷산에는 걷기에 좋은 여러 개의 산길이 있다. 말목장성, 상정리, 해봉사, 흥환리, 대동배, 호미곶 가는 길 등. 구간도 시간대별로 입맛대로 맞출 수 있다. 1시간부터 오랜 시간까지.

한반도에서 해가 가장 먼저 뜨는 호미곶 바다를 내려다보며 걸으면 지루하지 않고, 확 트인 전망에 기분도 상쾌하다. 걷기 초보자는 경사가 완만해서 힘도 많이 들지 않는다. 가족과 함께 걸으면 더

없이 좋은 추억을 남길 수 있는 곳이다.

걷기 마니아들은 좋은 길에는 몇몇 조건이 있다고 말한다. 길이 그리 넓지 않으면서 적당히 굴곡이 있고, 호젓한 경관이 있으면 좋다. 걷는 자에게 곧은 직선도로는 달갑지 않은 길이다.

청소년수련원 뒷산의 봄은 갖가지의 다양한 야생화와 활짝 핀 산벚을 볼 수 있다. 여름이면 시원한 산바람과 바닷바람을 쐴 수 있고, 가을이면 맑은 하늘과 옥빛 바다를 마음껏 즐길 수 있다. 겨울 구룡포 호미곶에서 부는 바람은 매우 차다. "내 밥 먹고 구만바람 쐬지 말라"는 찬바람을 온몸으로 느낄 수 있다.

이처럼 사계절 내내 걸어도 싫증이 나지 않는 산길이다. 이곳을 걸을 때면 이보다 더 좋은 트레킹 코스가 또 있을까, 하는 생각이 들기도 한다.

주말에 산을 오르다 보면 최근 20~30대의 등산객들이 눈에 띄게 많이 늘었다. 산림청 또는 K2가 추천하는 한국의 100대 명산을 오르는 젊은 남녀들을 보면 대견하다는 생각이 든다.

또 운동화를 신고 걸어서 출퇴근하거나 생활 속에서 운동하는 사람도 많아진 것 같다. 걷는 사람이 늘어난다는 것은 국민건강을 위해서도 바람직한 현상이다.

걷기는 문명의 저항이며 동시에 걷기 사색은 풍요와 행복으로 이르는 문명의 견인차일 수도 있다는 글을 본 적이 있다.

철학자이자 신학자, 목사 폴 틸리히는 혼자 있는 상태를 '외로움'과 '고독'으로 구분하고, 혼자 있는 것의 고통을 나타내는 상태가 외로움이라면, 고독은 혼자 있는 것의 자유와 찬란함을 즐기는 것이라고 했다.

걷는다는 것은 길 위의 묵상이다. 묵상은 내면으로 파고들면 성찰이고 밖으로 표현하면 공감이며, 성찰은 자기 마음 안을 반성하고 살피는 것이다.

사람은 누구나 인생이라는 길에서 태어나서 걷다가, 쉬다가, 생각하기를 반복하다가, 걷기가 어려워지면 인생길에서 사라지게 된다. 그런 의미에서 걷는다는 것은 사유하며 살아가는 철학자의 행위라고 할 수도 있을 것이다.

사유도 앉아만 있으면 가라앉는다. 다리가 정신을 흔들어야 사유가 살아 움직인다. 산길을 걷다 보면 가끔 우리네 인생도 편안하게 갈 수 있는 길들이 많았으면 좋겠다는 생각이 들지만 그래도 변화가 있는 길이 있어야 살맛이 나지 않을까 싶다.

산이 좋아 산에 젖어들어 걷다 보면 비가 오거나 바람이 불고 눈이 내려도 짜증이 나기는커녕 운치를 넘어 나름의 아름다움에 빠져든다. 숱한 걸음으로 걷기를 좋아하는 '우리 땅 걷기' 신정일 이사장의 경우 그것을 '해찰'이라고 했다. 해찰은 순우리말로 '쓸데없는 다른 짓'이라는 의미다. 여기저기 기웃거리며 간섭하며 빠져드는 것이다.

사람은 누구에게나 자기만의 공간이 필요하다. 혹자는 그것을 '나만의 사막' 또는 '오두막'이라고 한다. '치타델레'는 독일어로 요새 안에 있는 독립된 작은 '보루' 혹은 '내성'을 뜻하는 단어로 프랑스 계몽주의자 몽테뉴에 의해 널리 알려졌다.

한때 나의 '치타델레'는 도서관이었다. 절대적인 자신만의 공간, 자신의 질문에만 몰두할 수 있는 거처. 오래전 직장을 그만두고 다음 날부터 도서관에 자리를 잡고 하루에 14시간씩 책을 읽으면서 하루하루를 보냈다. 하지만 지금은 수시로 걷고 있는 길이 나의 '치타델레'다.

구룡포 청소년수련원 뒷산도 나의 '치타델레' 중 한 곳이다. 혼자 걷고 즐기기에는 너무 아까운 길이다. 걷기를 좋아하는 사람들이 이곳을 걸으면서 이곳이 그들의 '치타델레'가 됐으면 좋겠다.

행복은 지혜로운 삶을 영위하는 것
- 2021.06.15 -

　인간은 누구나 행복해 지기를 원한다. 사회생활을 하면서 돈을 버는 일, 가정을 만드는 일 등 각자가 추구하는 목적은 다를지라도 궁극적으로는 행복을 추구한다.

　아리스토텔레스는 "모든 인간은 행복하게 되기를 원하며 그들이 원하고 추구하는 모든 것은 행복에 이르는 하나의 수단에 불과하다. 인간이 선하다고 부르는 것 가운데서 행복이야말로 인간을 만족스럽게 해주는 유일한 선이다"라고 했다.

　그런데 그 행복의 내용이 무엇이냐 하면 인간의 각자에 따라 달라진다. 어떤 사람은 돈을 많이 벌어 무엇이든지 할 수 있는 게 행복이라 하고, 또 어떤 사람은 권력을 잡아 세상을 한번 호령해보는 것이 행복이라 할 수 있다.

　이렇듯 각자가 추구하는 행복의 내용이 다양하고 다를 수 있다. 따라서 여기서 제시하고 싶은 행복의 내용은 물질적인 것의 추구만이 아니라 도덕적인 삶도 행복의 내용이 될 수 있다는 것을 말하고 싶다.

　한여름이 왔다. 시원한 정자나무 밑에 가만히 앉아 고전을 읽다 보면 과연 '인간의 진정한 행복은 무엇인가?'라는 철학적인 물음이 문득 떠오른다.

각박한 현대인의 삶 때문에 물질적인 것을 먼저 추구하며 살아왔기 때문일까, 정신은 왜 이리도 공허하고 행복한 마음이 들지 않는 것인지 자문해보기도 한다. 월급쟁이들은 월급 걱정, 사업하는 사람들은 자금 걱정, 장사하는 사람들은 장사 안될까 걱정, 공무원들은 정년이 보장될까 걱정. 이렇듯 걱정하면서 인생을 살아가는 게 오늘의 현실이다 보니 정신적인 면에서 피폐해지는 것은 당연지사이다.

이럴 때 고전을 한번 읽으면서 진정한 행복은 무엇인지 음미해 보는 것도 그런대로 의미 있는 일일 것이다.

서양의 행복은 정신적인 면에서 '덕' 있는 삶을 의미했다. 덕은 영어로 'virtue'이며 희랍어로는 'Arete'라고 한다. 그 의미는 '탁월함(excellence)'이며 이것을 '선(Goodness)'이라고 했다. 그러므로 서양에서 말하는 덕은 인간이 가지고 있는 모든 기능을 최대로 탁월하게 발휘하면 그것이 덕이라고 봤다. 즉 기능즈의적 입장에서 인간의 덕의 개념을 정립한 것이다.

아리스토텔레스의 관점으로 돌아가 보건, 자연계에는 각자가 속해있는 계층이 있으며 그 속해 있는 계층의 개체들은 자기의 고유한 기능을 최고도로 발휘하면 그것이 덕이라고 봤다. 예를 들면, 돼지의 덕은 살을 많이 찌우는 것이요, 식물의 덕은 꽃을 피우는 것이다.

이에 따르면 인간의 덕은 자연계의 최상위에 있는 존재로서 이성의 기능을 최고도로 발휘하는 것이다. 이것이 바로 지혜라는 덕인 것이다. 그래서 인간의 궁극적 행복은 지혜로운 삶을 영위하는 것이다. 그것은 사색하고 관조하는 삶을 의미한다고 하겠다.

반면에 동양에서는 덕은 하늘이 이미 인간에게 준 것이며 선천적인 것이라고 한다. 중용에 보면 천명지위성, 솔성지위도(天命之謂性, 率性之謂道)라고 했다. 하늘이 이미 명령해 사물의 본성을 부여했으며 이 본성을 실천하고 수양하는 것이 인도(人道)라고 하는 의미이다.

맹자의 고자장구 상하(告子章句 上下)편에서는 인성론을 논하고 있다. 인간의 본성이 선하다는 것이다. 그것은 인간의 마음에 이미 선천적으로 하늘이 명해 인(仁), 의(義), 예(禮), 지(智)의 네 가지 덕의 싹을 가지고 있다는 것이다. 이것을 실천하고 수양하는 것이 '덕' 있는 삶이요 행복이라고 봤다는 것이다.

결국 서양과 동양의 덕에 관한 개념은 다를지라도 '덕' 있는 삶을 궁극적인 행복이라고 본 것은 동일하다고 하겠다.

요즈음 바쁘게 살아가는 우리에게 '덕' 있는 삶을 살라고 하면 시대에 동떨어진 소리라고 무시하거나 놀릴 수도 있을 것이다. 그러나 더운 여름에 정자나무 그늘에 누워 옛 성현의 말에 귀를 기울이는 것도 나쁘지는 않을 것이다.

바쁠수록 돌아가라는 옛말도 있다. 이는 아무리 바빠도 마음의 여유를 가지고 지나온 시간을 돌이켜보면서 마음의 양식을 채우는 것이 자신의 더 나은 발전을 위해 좋다는 것을 의미한다.

마음의 수양은 나의 발전을 위해 필요한 것이다. 세월은 나이가 들수록 더 빨리 가는 것 같다. 지금이라도 일주일에 한 번쯤은 정신의 힐링과 행복을 위해 고전 읽기를 해보는 것도 좋을 것이다.

기부문화,
투명성 확보와 자발적 선행 분위기 조성을
   - 2020.06.23 -

　기부 문화가 정착되지 않은 한국에서 지난 5월에 지급된 전 국민 긴급재난지원금에서 실제 얼마나 많은 기부가 이뤄질지 관심을 모은 바 있다.

　지난달 4일 영국 자선지원재단(CAF)의 세계 나눔 지수(World Giving Index) 보고서에 따르면 2009~2018년 10년 누적 기준으로 한국의 기부지수 점수는 34%, 순위로는 126개국 중 38위였다. 이는 조사업체 갤럽이 조사 시점 기준으로 전월에 기부한 적이 있는지를 설문해 백분율로 환산한 결과다. 한국과 기부지수 점수가 비슷한 국가로는 우즈베키스탄(35%), 파라과이(34%), 레바논(33%) 등이 있다. 주요 선진국과 비교하면 한국의 순위는 중하위권에 머문다.

　경제협력개발기구(OECD) 국가 가운데 한국의 순위는 20위였다. 칠레(44%)나 슬로베니아(36%)보다도 낮았다. 36개 회원국 중 조사 결과가 없는 아이슬란드, 노르웨이, 터키는 제외했다.

　모르는 사람을 도와준 경험이 있다는 응답은 43%에 그쳐 전체 78위였고, 봉사활동을 했다는 응답은 20%로 53위에 그쳤다. 이에 따라 기부와 모르는 사람에 대한 도움, 봉사활동 등을 합친 종합점수는 32%, 순위는 57위였다. 공공부문 나눔 활동도 참여율이 저조했다.

한국재정학회가 지난해 12월 제출한 '공공기관 기부실태 및 기부문화 확산 연구' 용역보고서에 따르면 공공기관의 기부 참여를 통해 소외계층을 돕는 사랑나눔실천운동의 참여 인원이 5,837명(2018년 기준)에 불과했다. 공무원과 공공기관 임직원이 약 133만 명으로 추정되므로, 참여율은 0.4%에 불과하다.

몇 년 전 세계적인 석학 기 소르망(프랑스 문명비평가, 파리정치학교 교수)이 《세상을 바꾸는 착한 돈》 한국어판 출간을 맞아 방한한 적이 있었다. 주한 프랑스 문화원에서 열린 출간 기념간담회에서 그는 "한국은 아직 복지국가가 아닙니다. 사회적 안전망이 제대로 구축되지 못한 상황에서 기부는 국가가 하지 못한 부분을 채워줄 수 있습니다. 지금 한국이 기부에 대해 논의해야 하는 이유입니다"라고 말했다.

그의 책에는 기부대국으로 알려진 미국의 기부문화를 1년 동안 취재한 내용이 담겨있다. 미국은 어렸을 때부터 어렵고 소외된 사람을 돕도록 교육받고 실천한다고 한다. 성공한 미국인 대부분이 기부재단을 설립하고 일반인과 학생들도 재능과 시간을 나누는 자원봉사에 적극적이다.

미국은 1%의 부자가 전체 부의 3분의 1을 차지하는 나라다. 하위 90%에 속한 사람들 모두 합친 것보다 많다. 34개 경제협력개발기구(OECD) 국가 중 소득 불평등이 가장 심한 국가다. 2007년 통계로 주요기업의 최고경영자(CEO)가 받는 연봉은 약 155억 원으로 직원과 차이가 344배 차이가 난다. 하지만 다행히도 미국엔 저소득층을 위한 기부자가 많기에 사회갈등이 한국보다 높지 않다.

워런 버핏 버크셔해서웨이 회장과 빌 게이츠 마이크로소프트 회장이 시작한 '재산의 50% 이상 기부하기' 캠페인에 2010년 현재 38명의 억만장자가 동참했고, 이들이 약정한 금액만 최소한 1,500억 달러(한화 약 175조)에 달한다.

일찍이 미국의 철강왕 카네기는 "부자인 채로 죽는 것은 가장 수치스러운 일이다"라고 말했으며 자신의 전 재산 중 90%를 카네기재단에 자발적으로 기부하였으며, 선행의 큰 손으로 불리는 록펠러 등의 사례들을 쉽게 볼 수 있다.

소득 불평등이 세계 최고인 나라이지만 자발적으로 어려운 이웃을 위해 베푸는 부자들 때문에 미국사회는 잘 돌아가고 있다. 소득 불평등이 경제협력개발기구 중에서 두 번째로 심한 한국의 정부와 부자들은 기부 문화에 대해 일말의 관심이나 가지고 있는지 의문이 든다.

기 소르망은 "가난을 극복한 한국은 이제 사회안전망 구축을 미래 경제 번영의 기본으로 삼아야 하지만 개선이 느리다"고 했다.

한국의 기부문화가 자리를 잡지 못하는 이유 중의 하나는 '투명성'에 대한 낮은 신뢰다. 내가 낸 기부금이 어디에, 어떻게 쓰이는지 알기가 어렵다는 것이다. 최근 정의기억연대 회계 공시와 관련한 논란 외에도 비영리단체(NPO)의 불투명한 자금 운용 문제가 일 때마다 기부 문화를 둘러싼 설왕설래가 이어졌다.

정의기억연대의 기부금 논란과 관련해 NPO 스스로 투명성을 제고하는 노력과 함께 정부나 사회가 회계 처리 등을 도와줄 중간지원조직을 구축해줄 필요가 있다는 목소리도 나온다.

기 소르망의 말처럼 한국의 기부문화 정착을 위해 더 늦기 전에 기부금의 투명성 확보는 물론, 어려운 이웃에 관심을 가지는 부자들의 자발적 선행이 이뤄질 수 있는 사회 분위기를 조성해야 한다.

정부는 아동학대 대책 빨리 세워야 한다
- 2020.06.22 -

　　경남 창녕 아동학대 사건을 수사하고 있는 경찰이 구속 중인 의붓아버지와 병원에 입원해 있는 어머니를 함께 검찰에 넘겼다. 그런데도 의붓아버지는 아이들을 자신에게서 떼놓은 법원의 임시보호명령은 부당하다며 아이들을 돌려달라고 요구하고 있다.

　　9살 딸의 손을 프라이팬으로 지지고 쇠사슬로 묶어 방치하는 등 고문에 가까운 학대를 한 계부와 친모를 경찰이 가중처벌법령을 적용했다. 형법상 특수상해는 1년 이상 10년 이하 징역형이 내려진다.

　　경찰은 친모에 대한 조사 및 증거 확보가 충분히 이뤄진 점, 친모가 행정 입원한 상태에서 치료를 받는 점, 계부와 친모의 공범 관계에 대한 수사가 필요한 점을 이유로 이들 부부에 대한 수사기록을 검찰에 송치했다. 조사에서 친모는 쇠사슬을 이용한 학대 및 상습적인 폭행을 시인했다.

　　경찰은 지난 1월 가족이 거제에서 창녕으로 이사한 후 도구를 이용한 학대와 상습적인 폭행이 있었다고 판단했다. 친모는 경찰 조사에서 "아이를 야단칠 때 감정조절을 못 했다"며 "아이에게 정말 미안하고 구속된 남편에게도 미안하다"고 말했다.

계부는 구속 전 피의자 심문(영장실질심사)에 들어가면서 취재진에게 "(A양을) 남의 딸이라 생각하지 않고 제 딸로 생각하고, 아직도 많이 사랑한다"고 말했다.

이들 부부의 잔혹함은 지난달 29일 A양이 맨발로 거주지인 4층 빌라 베란다를 통해 옆집으로 탈출하면서 밝혀졌다. A양은 이들이 쇠사슬로 자신의 목을 묶거나 불에 달궈진 쇠젓가락을 이용해 발등과 발바닥을 지지는 등 학대했다고 진술했다.

발견 당시 눈에 멍이 들고 손가락 등에 화상을 입었던 A양은 병원에서 2주간 입원 치료를 받은 뒤 현재 도내 한 학대아동피해쉼터에 머물고 있다.

2015년 경북 칠곡에서 사망한 8세의 의붓딸이 계모인 임 모 씨(35)의 학대로 인해 숨진 것으로 밝혀져 당시 큰 충격을 줬다. 대구지검은 숨진 아이의 언니(12)에게 거짓자백을 강요하고, 동생을 때려 숨지게 한 혐의(상해치사)에 대해 징역 20년형, 학대에 가담한 친아버지에게는 징역 7년을 구형했다.

2012년 5월부터 같이 살면서 임 모 씨는 어린 자매들을 잔인하게 학대했다. 언니는 자매의 목을 조르고, 발길로 가슴을 차는 등 몸에서 상처가 없는 날이 없었다고 그동안의 경위를 태연하게 변호사에게 설명해서 놀랐다고 했다.

또한, 훈육한다며 아파트 복도에 있는 계단에서 수시로 밀어서 다치게 했으며, 다쳐도 병원에 데려가지 않아 죽은 동생의 팔이 휘기도 했다고 한다. 잠을 재우지 않고, 방에 가둬 용변도 보지 못하게 하는 등의 방법으로 벌을 주고 심지어 아이가 죽기 전날에도 벌을 줬다고 말했다. 그런데도 친아버지 김 모 씨(37)는 말리기는커녕 밤만 되면 자매를 몽둥이로 발바닥과 손바닥을 때리는 등 폭행을 했다.

또 몇 년 전 경남 창원에서는 가장이 컴퓨터 게임을 방해한다는 이유로 야구방망이나 아령 등을 이용해 부인뿐만 아니라 4, 5살 된 어린 자녀까지도 상습 폭행한 사건이 발생한 적이 있었다.

경찰은 4대 사회악을 없애기 위해 나름의 노력을 다하고 있지만 어떤 사회악보다도 가정에서 일어나는 폭력은 은밀하게 발생하고 있기 때문에 발견이 어려운 것이 사실이다. 때문에, 피해자가 직접 나서서 이야기하지 않으면 그 집에서 무슨 일이 발생하고 있는지 도무지 알 수가 없다.

이웃들의 무관심과 몰이해로 방치된 채 어린 생명을 죽음으로 몰고 간 이번 아동학대 치사사건은 사회적으로 약한 아동보호에 대한 안전망이 전혀 작동하지 못하고 있다는 사실을 여실히 보여 준다.

사회적 약자인 어린이를 돌보지 못하는 사회는 이미 병든 사회라고 할 수 있다. 지금 우리 사회 곳곳에는 학대로 인해 고통 속에서 신음하며 보호의 손길을 기다리고 있는 어린이들이 많이 있을 것이다.

어린이 학대는 남의 일이 아닌 우리 사회의 책임이다. 주변에서 학대받는 아이들을 개인적인 가정의 일로 치부해 이웃들이 모른 체 해서는 안 될 것이다.

정부는 어린이를 안전하게 보호할 수 있는 예방대책을 빨리 세우고, 아동학대 신고를 활성화해야 한다. 아울러 재범방지를 위한 치료프로그램 개발 등의 시책을 마련해야 한다.

구룡포 강사리 매화구경
- 2020.03.18 -

　지난 2월 말일은 토요일이었다. 특별한 일이 없으면 매주 토요일 오전에 만나 산행을 함께하는 산우(山友)들과 구룡포청소년수련원 뒷산을 걷는 시간을 가진다.

　당초 포항에서 가장 높다는 면봉산으로 가려다가 수련원 원장이 좋은 산길을 걸을 수 있는 코스가 있다고 해서 구룡포로 발길을 틀었다.

　먼저 강사리 바닷가에 도착해 바위틈에 보이는 군수와 고동을 잡는 재미에 한 시간 가까운 시간을 보냈다. 우리를 기다리던 수련원 원장은 도착 시간이 되어도 우리가 오지 않자 전화가 왔다. 수련원 근처 강사리 바닷가에 들렀다가 수련원으로 가는 중이라고 했더니 기다리겠다면서 통화를 끊었다.

　잠시 후 수련원에 도착해서 군수를 삶아 요리를 하는 동안, 라면을 끓이고 빠르게 밥을 해서 먹었다. 연하게 삶긴 고소한 군수와 고동을 넣어 끓인 라면에다 공깃밥 한 그릇, 김치 한 보시기의 맛은 '둘이 먹다가 하나가 죽어도 모른다'는 그 맛이 아닐까 싶었다.

점심 식사가 끝나고 수련원을 나와 강사 저수지를 따라 앞서거니 뒤서거니 하면서 트레킹에 나섰다. 제법 넓고 긴 저수지에는 보트를 타고 낚시로 황소개구리를 잡는 강태공이 몇 명 눈에 보였다. 저수지를 지나서 골짜기 개울을 따라 마을 길로 한참 걷다 보니 작은 동네가 나타났다.

듬성듬성 떨어져 있는 주택을 지나 몇 가구가 모여 있는 마을 가운데 이르자, 누구의 밭인지는 모르지만, 매화나무가 가득 심겨 있었다. 마침 매화가 활짝 피어 동네 전체가 매화 향기로 덮여있었다. 매화의 색깔도 홍색, 백색, 노란색이 어우러져 적절히 조화를 이루고 있었다.

나는 잠시 발길을 멈추고 매화 향에 흠뻑 빠졌다. 일행들도 매화 향에 취해 모두 "야, 매화 향기가 너무 좋다"고 탄성을 질렀다. 이날 매화를 배경으로 사진을 찍고서 몇 시간 동안 산길을 걷는 것도 좋았고, 전망대에 올라서서 바라본 구룡포 앞바다의 푸른 파도도 감동적이었다.

매화 향의 진한 여운은 일행들과 헤어져 저녁 늦게 집에 도착해서도 쉽게 가라앉지 않았다. 퇴계 선생과 명기 두향의 사랑 이야기가 머릿속에 떠오른 후 사라지지 않고 계속 머물렀기 때문이다.

누구보다도 매화를 끔찍이 사랑한 사람이 퇴계 이황(李滉) 선생이다. 그가 남긴 매화에 대한 시는 1백 수가 넘는다. 그가 매화를 아낀 데에는 이유가 있었다. 단양군수 시절에 만났던 관기(官妓) 두향(杜香) 때문이었다.

퇴계 선생이 단양군수로 부임한 것은 48세 때였다. 그때 두향의 나이는 18세였다. 첫눈에 두향은 퇴계 선생에게 빠졌지만, 처신이 풀 먹인 안동포처럼 빳빳했던 퇴계 선생이었던 지라 한동안 두향의 애간장을 녹였다.

그러나 당시 퇴계는 권 씨 부인과 아들을 잇달아 잃었던 터라 그 빈 가슴에 한 떨기 매화 같았던 두향을 받아들이지 않을 수 없었다. 두향은 단양 태생으로 특히 거문고에 능하고 난과 매화를 사랑했다. 시(詩)와 서(書)에도 뛰어났다고 한다.

원래 기생에게는 초야권(初夜權)이라는 것이 있어 동기(童妓)는 초야권을 통해 이를 파괴함으로써 성인이 될 수 있었다. 퇴계는 두향에게 머리를 얹어준 첫 남자였다.

두 사람의 깊은 사랑은 겨우 9개월 만에 끝나게 되었다. 퇴계 선생이 경상도 풍기군수로 자리를 옮겼기 때문이었다. 두향으로서는 하늘이 무너질 만한 일이었다. 짧은 인연 뒤에 찾아온 갑작스러운 이별은 견딜 수 없는 충격 그 자체였다.

이별을 앞둔 마지막 밤, 밤은 깊었으나 두 사람은 말이 없었다. 이날 밤의 이별은 너무 긴 이별로 이어졌다. 두 사람은 1570년 퇴계 선생이 69세의 나이로 세상을 떠날 때까지 21년 동안 한 번도 만나지 못했다.

퇴계 선생이 단양을 떠날 때 그의 짐 속엔 두향이 준 수석 두 개와 매화 분 하나가 있었다. 이때부터 퇴계 선생은 평생을 매화를 가까이 두고 사랑을 쏟았다. 퇴계 선생은 두향을 가까이하지 않았지만, 매화를 두향을 보듯 애지중지했다. 선생이 나이가 들어 모습이 초췌해지자 매화에게 그 모습을 보일 수 없다면서 매화 화분을 다른 방으로 옮기라고 했다.

그리고 세상을 떠날 때 퇴계 선생의 마지막 한 마디는 "매화에 물을 주어라"는 말이었다. 선생의 그 말 속에는 선생의 가슴에도 두향이 있었다는 증거였다.

퇴계 선생을 떠나보낸 뒤 두향은 관기에서 벗어나 퇴계 선생과 자주 갔었던 남한강 가에 움막을 치고 선생을 그리며 살고 있었다.

퇴계 선생의 부음을 들은 두향은 단양에서 예안까지 이백여 리의 험난한 산길인 죽령을 넘어 4일간을 걸어서 안동을 찾았다. 한 사람의 죽음으로 두 사람이 비로소 만날 수 있었다.

다시 단양으로 돌아온 두향은 임을 따라가기로 결심했다. 22년의 청춘의 사랑을 마무리한 40세의 여인은 결국 남한강에 몸을 던져 생을 마감했다. 두향의 사랑은 퇴계 선생 한 사람을 향한 지극히 절박하고 준엄한 사랑이었다.

두향이 퇴계 선생에게 주었던 매화는 대를 잇고 이어 지금도 안동의 도산서원 입구에 그대로 피고 있다. 오랜 세월이 흘렀지만, 퇴계 선생과 두향의 사랑을 생각하면 너무나 마음이 저리다.

구룡포 강사리 한 마을의 밭에 가득 피어 세상에 은은하게 향을 내뿜던 매화를 보면서 문득, '사랑은 시대를 초월해 언제나 아름답다'는 생각이 들었다.

강사리의 매화는 두 사람의 아름다운 사랑 이야기를 아는지 모르는지 올해도 어김없이 꽃을 피우고 지나가는 길손에게 봄이 왔음을 향기로 전하고 있다.

모든 나뭇잎이 꽃이 되는 두 번째 봄, 가을날에
- 2019.10.20 -

　지난 주말 선배의 딸 결혼식 주례를 섰다. 선배의 간곡한 부탁 때문에 마지못해 주례를 승낙하면서 20여 년 전 마흔이 갓 되었을 때 생각이 문득 떠올랐다.
　당시 가까이 지냈던 한 선배는 고교 3년 선배이자 노총각이었다. 어느 날, 선배가 찾아와서 본인 결혼식에 주례를 서달라는 부탁을 해왔다. 연륜이나 나이, 사회적 신분에 걸맞지 않다는 이유를 들어 힘들게 설득해 상황을 모면한 적이 있었다.

　한동안 공직생활을 했던 필자는 공무원을 그만두고 논술학원을 하면서 참된 교육을 위해 학생들과 끊임없이 소통하고 고민했다. 아울러 청소년들이 주체적으로 살아갈 수 있는 멘토 역할을 자청했다. 열정적으로 학생들을 가르치며 개인적인 문제나 입시에 시달리는 힘든 고통을 함께 나누다 보니 형님처럼 따르면서 부모나 친구에게 털어놓지 못할 고민을 풀어놓기도 했다.
　몇몇 제자들은 대학을 마친 후 사회인이 되고 결혼을 할 때 주례를 서달라고 부탁하기도 했다. 이후 학원생활을 접고 지역 일간신문사로 직장을 옮긴 후에도 제자들이 가끔 안부 전화를 주거나 스승의 날이라며 선물을 들고 찾아와 기쁨을 안겨주곤 했다.

이번 주례를 부탁한 선배를 알고 지낸 지는 오래되었지만 서로 연락을 주고받지는 않아서 거의 만난 적이 없었다. 직장으로 갑자기 찾아와 그동안 살아오면서 힘들었던 저간의 여러 사정을 이야기하며 힘든 고민 끝에 조심스럽게 딸자식의 결혼 주례를 부탁한다고 말했다. 거절하면 내 스스로 마음이 편치 않을 것 같아서 승낙하긴 했지만, 처음으로 주례를 맡은 것이라 약간의 부담은 있었다. 첫 주례를 서는 당일 아침 일찍 일어나 나름 고심해서 신랑, 신부가 행복하게 살기를 기원하며 주례사를 마무리했다.

　진한 감색 양복과 흰 와이셔츠에 넥타이를 착용하고 예식장에 도착하니 선배 부부가 하객을 맞고 있었다. 선배와 악수를 나누고 축하의 말을 전했다. 이어 사회자의 멘트로 개회사, 주례소개를 마치고 단상에 올랐다. 신랑 신부 양가 어머니의 화촉 점화, 신랑 신부 입장에 이어 주례가 해야 할 역할이 주어진 것이다. 신랑 신부 맞절, 혼인서약 및 성혼선언문 낭독, 주례사가 이어졌다.

　주례사가 끝나고 축가, 신부와 신랑의 하객에 대한 인사, 신랑 신부의 양가 부모님에 대한 인사, 케이크 컷팅, 신랑 신부의 행진을 끝으로 공식적인 결혼식 의식이 마무리됐다. 부모를 떠나 처음으로 행복의 둥지를 꾸며나갈 신랑 신부나 이미 결혼한 부부들에게 주례사가 삶에 도움이 되기를 바라며 전문을 싣는다.

덕담에 앞서 오늘 결혼식을 축하해 주시기 위해 바쁜 시간에도 참석해주신 하객 여러분들께 양가 혼주를 대신하여 감사 인사를 올립니다.

여러 면에서 부족한 제가 인생의 출발점에 선 한 쌍의 원앙을 위해 이렇게 덕담을 하게 된 데는 평소 좋아하는 신부의 아버지이자 저의 선배의 배려 때문입니다.

오늘 제가 신랑 신부에게 드리는 축하의 말은 제가 잘나서가 아니라 인생의 선배로서 먼저 살아본 경험자로서 삶에 도움이 되는 몇 마디를 하고자 합니다.

"물질적인 것들은 잃어버려도 다시 찾을 수 있지만, 인생을 잃어버리면 다시 되찾을 수 없다". 이 말은 스티브 잡스가 온라인에 글을 올리며 유명해진 말이기도 합니다.

예나 지금이나 돈, 명예, 권력은 한 사람의 인생을 성공하게 하기도 하지만 반대로 한순간에 추락시키는 독이 되기도 합니다.

때문에, 한 번 주어진 우리의 인생을 아름답고 가치 있게 만들기 위해서는 무엇보다도 스스로 자신의 삶 앞에서 진정한 만족과 즐거운 행복을 느껴야 합니다.

덧붙여 세상을 떠난 후 후세들로 하여금 이름 석 자가 존경받는 인물로 남는다면 더욱 의미 있는 삶으로 기억될 것입니다.

"세살 버릇 여든까지 간다"는 말이 있습니다.

동서양을 막론하고 긍정적인 삶, 행복한 삶, 가치 있는 삶은 하루아침에 이루어지는 것이 아니라 꾸준히 좋은 습관을 유지할 때 만들어집니다.

결혼도 마찬가지라고 생각합니다. 신랑 신부가 각자 다른 환경에서 살다가 서로 사랑해서 결혼하고, 부부가 되어 자식을 낳고 살다 보면 많은 부분에서 서로가 다름을 알게 됩니다.

작은 모래알이 쌓이고 쌓여 수천 년간 자연현상 속에서 멋진 암벽을 만들 듯이 오늘 이후부터는 두 사람은 일심동체가 되어 매일매일 순간순간 좋은 습관을 만들어 간다면 행복한 가정이 될 것이라고 생각합니다.

한 가정을 이루고 살다 보면 좋은 일도 많지만 힘든 일도 있습니다. 처음에 서로가 느꼈던 신비감도 사라지고 결혼한 것이 후회될 때도 있을 겁니다. 그럴 때면 서로 칭찬하고, 위로하고 존중하고, 격려하며 서로의 차이를 이해하면서 현명하게 극복해야 합니다.

그리고 양가 부모님을 성심껏 잘 모시고 공경해야 합니다. 그것이 곧 타인이나 자식에게 모범이 되는 삶을 사는 길이며 나아가 자신에게 충실하고, 가족 간의 사랑으로 자존감이 높아졌을 때 비로소 남도 사랑할 수 있으며, 우리 사회에 선한 영향력을 줄 수 있습니다.

끝으로 외모가 아름다운 사람보다 마음이 아름다운 사람, 마음이 아름다운 사람보다 생각이 아름다운 사람, 생각이 아름다운 사람보다 행동이 아름다운 사람이 더욱 매력적입니다. 이런 매력적인 사람이 되길 바랍니다.

모든 나뭇잎이 꽃이 되는 두 번째 봄인 풍요로운 가을날, 김○○ 군과 이○○ 양의 결혼을 진심으로 축하합니다. 아울러 양가 부모님이 보기에 아름다운 향기가 나는 가을꽃처럼 행복하게 살아가기를 기원합니다.

8월의 영웅, 학도병 정신을 이어가자
- 2019.07.23 -

　해마다 8월이면 포항시는 용흥동 전몰학도 충혼탑에서 포항시장을 비롯해 유족 및 생존 학도의용군, 시·도의원, 각급 기관단체장, 시민, 학생 등이 참석해 '전몰학도의용군 추념식'을 거행한다.

　지난해 행사는 생존 학도의용군과 故 이우근 학도병 조카, 제철고등학교와 영신고등학교 학생들이 함께 참석해 추념식의 의미를 더했으며, 포항전투에서 전사한 이우근 학생의 주머니에서 발견된 피 묻은 편지 '어머니 전상서'를 제철고 학생이 직접 낭독해 참석자들을 더욱 숙연하게 했다.

　추념식이 거행된 전몰학도 충혼탑은 1957년 6월 15일에 건립돼 포항여중전투에서 사망한 김춘식 등 1,394위의 학생 영령들이 봉안되어 있다.

　1950년 6월 25일 새벽 4시에 북한의 갑작스러운 남침으로 한국전쟁이 시작된다. 파죽지세로 밀고 내려오는 북한군의 정예부대 앞에 한국군은 제대로 총 한번 쏘아보지 못하고 후퇴를 거듭한다. UN군이 참전할 때까지 낙동강 전선을 사수하는 것이 남은 국군의 절체

절명의 임무였다. 낙동강에 전력투구하기 위해 포항전선 사수는 학도병에게 맡겨진다.

포항전투는 전략적으로 중요한 포항을 두고 북한군과 1개월 이상 펼쳤던 공방전이다. 국군 제3사단은 1950년 8월 초까지 동해안을 따라 내려오는 북한군을 저지했다. 그러나 북한군은 영덕과 강구 일대에 있는 국군을 우회해 후방에 있는 흥해와 포항을 점령했다. 이에 국군은 고립돼 분투하다가 장사동에서 포위됐다. 이러한 위기를 극복하기 위해 미 제8군사령부는 해상 철수를 명령하고, 국군 제3사단은 8월 16일 밤부터 아침까지 철수작전을 성공적으로 수행했다.

한편 점령된 포항은 국군의 민기식 부대에 의해 탈환돼 제3사단이 이를 인수했다. 그리고 9월 1일 포항 북쪽에 있는 북한군을 공격했다. 2일 포항 북쪽 지역은 북한군의 9월 공세로 혼전이 전개되고, 인접한 수도사단의 전선이 무너짐으로써 국군 제3사단은 방어선을 형산강 이남으로 후퇴시키지 않을 수 없었다. 하지만 북한군의 공세도 한계점에 도달해 더이상 진출하지 못했다. 결국, 포항을 점령한 후 동해안을 따라 부산으로 남진하려던 북한군의 기도는 수포로 돌아갔다.

영화 <포화속으로>의 소재가 되기도 했던 이우근 학도병의 편지는 비참했던 역사적 사실을 한 소년의 절절한 목소리로 말하고 있다. 이 편지의 주인공은 끝내 어머니 곁으로 돌아가지 못했다. 1950년 8월 11일 포항여중 전투에서 전사했는데, 학생의 상의 호주머니에서 발견된 수첩에 적혀 있었다.

　포항여중 전투는 1950년 6·25 전쟁이 발발하고 일주일 만에 수도 서울이 함락되어 우리 정부가 후퇴를 거듭하다 부산에 임시수도를 정하고 낙동강을 중심으로 한 방어선 전투 중 하나로, 육군 제3사단 소속 학도의용군 71명이 목숨을 걸고 투쟁한 격전이었다.
　이 전투로 당시 이우근 학도병을 비롯해 47명의 꽃 같은 목숨이 산화했으며, 포항여중은 전국에서 제일 많은 학도의용군이 희생된 격전지로 기록되고 있다.

　우리는 나라를 위해 두려움과 맞서 스스로 포화 속에 뛰어든 뜨거웠던 가슴들을 영원히 기억해야 한다. 또한, 평화통일이 실현될 때까지 이 나라를 지켜 오신 자랑스러운 포항의 역사이자 호국의 역사를 늘 간직해야 한다.

　아울러 나라가 풍전등화에 처했을 때 펜 대신 총을 잡고 나라를 위해 목숨을 바친 학도병들의 위국헌신 정신을 배우고 길이 이어 가야 할 것이다.

여름 사랑산, 용추계곡에 빠지다

- 2023.08.15 -

　지난 주말엔 충북 괴산에 자리 잡은 사랑산을 다녀왔다. 사랑산은 괴산군 청천면에 있는 647m 높이의 산이다. 오전 8시 산벗 3명은 대이동에서 만나서 목적지로 향했다. 김밥이나 생수 등 필요한 물품은 괴산 근처에서 구입하기로 하고 1시간을 달려 낙동강 구미 휴게소에 도착했다.

　커피 한잔과 호두과자를 사서 나눠 먹고 화장실에 들렀더니 "좋은 성과를 얻으려면 한 걸음 한 걸음이 힘차고 충실하지 않으면 안 된다"는 단테의 명언이 적혀있다. 삶에서도 필요한 말이지만 산행을 하는 사람들에게도 해당되는 말이라는 생각이 든다.

　세계적인 지성, 프랑스의 소설가이자 철학자인 파스칼 브뤼크네르는 최근에 출간한 《인생의 비탈에서 흔들리지 않도록》에서 "오직 산만이 내게 육신이 있다는 느낌을 준다. 산은 우리 자신을 우리 너머로 들어 올릴 수 있다"고 했다.

　우리가 매주 산에 오르는 것은 세상의 모든 산이 같은 모습이 아니듯, 산행하는 매 순간의 느낌이 개인마다 다르게 나타나기 때문일 것이다.

　일행은 다시 사랑산을 향해 출발했다. 차 안에서 대화를 나누면서 가다가 내비게이션이 지시하는 방향을 놓쳐 30여 분 정도 시간이 지체됐다. 괴산에서 조금 떨어진 상주시 화북면에 도착해 마트에 들러 필요한 것을 구입하고 시간을 보니 오전 11시 30분이었다. 산에 올라서 점심 먹기가 어중간해서 점심을 미리 해결하고 가기로 했다.

　화북 재래시장 주차장에 차를 세우고 근처 예향고기식당에 들러 삼겹살 3인분과 청국장에 백반을 먹기로 했다. 삼겹살을 먹으면 산을 오를 때 부담이 되지 않을까, 하는 생각이 들었지만, 일행들 모두가 좋아했다. 산이 높지 않아 오르는 데 부담이 느껴지지 않을 것으로 판단했다.

　점심을 맛있게 먹고 나와 목적지인 괴산 사기막리의 주차장에 도착했더니 주차비가 버스는 1만 원, 승용차는 5천 원이다. 주차비가 너무 비싸다는 생각에 차를 돌려 내려오다 보니 사기막(정자)곁에 '외부차량 주차'라고 쓰여 있다. 누군지 모르지만, 무언의 배려에 감사함을 느낀다.

　오늘 산행은 용추수퍼에서 출발해 코끼리바위, 사랑바위를 거쳐 사랑산 정상에 오른 후 삼거리봉, 마당바위, 연리지(천연보호수), 용추폭포, 용추계곡을 빠져나와 주차해 놓은 곳으로 오는 원점 회귀 약 5km의 코스다.

원래 사랑산은 제당이 있어서 제당산으로 불렀는데, 이 산에서 연리목이 발견되자 괴산군청이 산 이름을 사랑산으로 새로 지었다고 한다.

괴산의 명산으로 꼽히는 사랑산은 비경인 용추폭포와 산 이름을 새로 낳게 한 희귀 소나무 연리목, 기암괴석들이 많아 산행의 묘미를 느끼게 한다. 사랑산은 그다지 높지 않아 산행에 부담이 적고 볼거리도 많을 뿐 아니라 깊은 계곡과 폭포가 있어 여름철 산행에는 최고라고 할 수 있다. 산행코스도 하나밖에 없어서 산에서 길을 잃을 염려도 없다.

태풍 '카눈'이 지나간 주말, 구름이 잔뜩 낀 하늘이었는데 오후가 되자 날씨가 쨍쨍해지면서 땀이 절로 흘렀다. 용추슈퍼에서 임도를 따라 조금 걸으니 우측으로 등산로가 나 있다. 12시 40분, 산길에 들어서니 바로 능선길이다.

사랑산 산행은 초반부터 다소 가파르게 시작된다. 산행을 시작한 지 약 30분 정도 지나니 코끼리 바위가 반긴다. 자세히 보면 주름진 바위 왼쪽에 코끼리 코처럼 바위 일부가 길쭉하게 늘어져 있다.

잠시 쉬면서 물도 마시고 과일과 오이를 먹고 개인과 단체 인증 샷을 찍었다. 다시 오르막을 10분쯤 더 올라가니 사방이 뻥 뚫린 너럭바위 위에 코뿔소 모양의 바위가 서 있다. 네모난 큰 바위인데 자세히 보니 코뿔소를 닮은 것 같기도 하고, 그렇지 않은 것 같기도 하다. 조망이 좋아 사진을 안 찍을 수가 없다.

산벗 일행이 늘 함께 산행을 할 수 있는 것은 하루 동안 시간의 구애를 받지 않고 산행을 즐기기 때문이다. 코뿔소 바위에서 산 아래를 내려다보니 첩첩이 쌓인 산그리메가 눈에 확 들어온다. 한마디로 장관이다. 흐르는 땀을 식혀줄 시원한 바람 한 줄기만 있다면 더할 나위 없이 좋겠지만 그렇지 않아 아쉬웠다.

어느 등산객은 사랑산을 한 마디로 '오걷이 즐거운 산'이라고 했다. 산을 오르는 동안 곳곳에 보이는 아름다운 경치에 감탄해서 탄성이 절로 나오기 때문일 것이다. 멀리 보이는 속리산의 절경과 눈 앞에 보이는 사랑산의 기암괴석이 특히 매력적으로 다가온다.

코뿔소 바위는 사랑산에서 경치가 최고로 아름다운 곳이라 소문이 나서 등산객들이 반드시 사진을 찍는 곳인데 그날은 웬일로 등산객이 한 명도 보이지 않았다.
코뿔소 바위 옆에는 바위 앞에서 입을 갖추면 사랑이 이뤄진다는 사랑바위가 있다. 사랑바위는 아슬아슬하게 매달려 있는 듯하지만 실은 아주 당당하게 버티고 있는 큰 바위다. 힘껏 밀어 보지만 꿈쩍도 하지 않는다. 사랑바위를 배경으로 다양한 포즈로 사진을 찍은 후 다시 능선길에 올랐다.

암릉의 오름과 내림을 즐기며 쉬어가기도 하면서 쉬엄쉬엄 걸으니 거의 2시간 만에 정상에 도착했다. 사방이 탁 트이지 않아서 다소 아쉬웠다. 높이 647m의 정상은 소나무와 참나무로 둘러싸여 있어서 조망도 없을뿐더러 쉴 곳도 없었다. 그저 정상임을 알리는 정상석만 놓여 있을 뿐이었다. 개인 인증샷과 단체 인증샷을 남기고 바로 하산하기 시작했다.

정상에서 조금 내려가니 삼거리봉이 나왔다. 계속해서 가파른 비탈길을 따라 15분쯤 내려오니 '연리지, 용추폭포' 이정표가 서 있다. 이정표를 따라 이어지는 가파른 길이 비 온 뒤라서 매우 미끄러웠다. 고개를 돌려보니 산자락에 마당바위가 있다. 넓은 마당바위에 올라서니 계곡의 물소리가 들렸다.

미끄러운 비탈길을 다시 조심조심 내려오는데 능선이 조금 완만해지다가 다시 경사가 심해졌다. 내려다보니 연리지가 보였다. 연리지는 뿌리가 서로 다른 나뭇가지들이 서로 맞닿아 한 나무처럼 자라는 것을 말한다. 산을 오르면서 앞서 몇 그루의 크고 작은 연리지를 이미 봤다.

'사랑나무', '부부나무'로 불리는 사랑산 연리지는 1997년 천연보호수로 지정됐다. 나무 사이로 연인이 함께 지나가면 백년해로한다는 전설이 있지만, 펜스로 둘러놓아서 들어갈 수는 없다.

사랑산은 연리지가 발견된 이후 명성을 얻기 시작했다고 한다. 제당산에서 사랑산으로 이름을 바꾼 작은 변화로 인해 등산객들의 발길이 끊기지 않는 것을 보면 변화의 힘을 무시할 수 없다는 생각이 든다.

팻말이 용추폭포까지 50m, 사기막리까지는 1.3㎞ 남았음을 알린다. 연리지에서 10여 분 정도 내려오니 용추폭포다. 높이 약 10m 너른 암반 사이로 콸콸 물소리를 내며 흘러내리는 폭포를 보니 더위가 순식간에 사라진다. 태풍이 지나가고 비가 많이 온 뒤라서 용추폭포에서 넘치는 물이 장관이다. 용이 승천했다는 폭포 주변에는 바위가 움푹 파여 있고, 이는 용 발자국이라고 전해지고 있다.

용추폭포 앞 전망대에서는 폭포에서 흐르는 물이 한눈에 보였다. 일행은 용추폭포를 배경으로 사진을 남겼다. 사랑산 산행의 화룡점정은 역시 용추폭포에서 흘러내리는 계곡물에 돋을 담그는 일이다.

산벗 일행은 폭포에서 조금 벗어난 하류에서 모처럼 여름 산행으로 흘린 땀을 씻었다. 용추계곡에 빠지는 순간 더위는 단숨에 사라지고 힘들었던 산행은 순식간에 잊힌다. 수년간 여름 산행을 했지만, 용추계곡에서 더위를 날리기는 단연 최고다. 30여 분 가까이 물속에 있으니 오한이 들었다. 옷을 갈아입고 일행은 서둘러 긴 용추계곡을 빠져나왔다.

계곡의 물소리를 들으며 한참을 걸어 나오다 보니, 김소월의 시, '산에는 꽃이 피네'라는 상호의 큰 펜션이 나온다. 펜션 사이를 빠져나와 계곡을 따라 계속 걸어, 주차한 곳인 사기막(정자)에 닿았다. 시간을 보니 오후 6시 30분이었다. 등산화를 벗고 옷을 간편하게 갈아입었다.

괴산 청천 사기막리를 벗어나자 낮에 먹었던 삼겹살은 이미 소화되고 시장기가 느껴졌다. 일행은 낮에 점심을 먹었던 식당에 들렀다가 손님이 너무 많아 자리가 없어 근처에 있는 전주콩씨네콩나물국밥 전문점에 들러 콩나물국밥과 잔치국수를 시켜 맛있게 먹었다. 산행 후 먹는 저녁 식사여서 그런지 임금님 수라상이 부럽지 않았다.

대한민국의 대표강사 김창옥아카데미의 김창옥 대표는 "나에게 시간을 주는 일, 휴식과 쉼을 주는 일을 너무 늦어서 하는 것은 억울하다. 행복하게 일하고, 행복하게 쉴 줄 아는 것은 평생 풀어가야 할 숙제 같다"고 했다.

산을 찾는 것은 육체와 영혼의 치유과정이다. 그래서 산을 오르듯이 매사 한 걸음씩 조심스럽고 신중하게 숲을 살아가야 한다는 생각이 든다.

포항에 도착하니 밤 10시였다. 삶이 유지되는 한 다음 주말도 등산은 계속될 것이다. 다음 주에도 산에 갈 수 있어서 고맙고, 감사하다.

팔월 불볕에 구만산(九萬山)을 오르다
- 2023.08.09 -

　지난 주말 산벗 2명과 함께 불볕더위를 무릅쓰고 밀양시 산내면 봉의리에 위치한 구만산을 오르기로 했다. 산벗 일행은 오전 8시에 대이동에서 만나 김밥을 사고 얼음물과 생수를 사기 위해 효자마트에 들렀으나 문을 열지 않아 차를 타고 가다가 적당한 곳에서 구입하기로 했다. 경주 산내면을 지나다가 눈에 띈 한 마켓에 들러 필요한 물품을 모두 구입하고 커피 한잔을 한 뒤 다시 길을 떠났다.

　구만산은 영남알프스의 서쪽 끝자락에 위치하고 있으며, 임진왜란 당시 구만 명의 사람들이 이곳에서 전화를 피했다 하여 붙여진 이름으로 계곡이 유명하다. 정상의 높이는 785로, 8㎞가 넘는 골짜기 안에 온갖 비경을 감추고 있으며, 작지만 산이 갖춰야 할 계곡미를 고루 갖추고 있다.

　산행코스는 구만계곡 주차장, 구만암 옆 돌계단 길을 따라 오르는 구만산 능선, 억산갈림길을 지나 정상을 밟은 후, 구만폭포, 소규모 폭포, 구만암을 거쳐 주차장으로 회귀하는 8㎞의 코스다.

　산행은 주차장에서 시작되지만, 등산로가 본격적으로 시작되는 구만암까지 차량통행을 할 수도 있다. 주차장에서 구만암 가는 왼쪽 계곡 건너에 휴양객들의 쉼터가 되는 펜션단지가 있다.

구만암에서는 계곡 물길을 따라 구만폭포(1.76㎞)로 가는 길과 오른쪽 산으로 붙어 구만산 정상(4.5㎞)으로 가는 길로 나뉜다.

오전 11시, 구만산장 입구에 도착한 후 등산로 안내도를 보고 산을 따라 올라갔지만 길을 잘못 접어들었다. 하산하는 등산객들에게 길을 물어 오르던 길을 다시 내려와서 구만암 옆 계단을 따라 다시 산길을 오르기 시작했다. 들머리 구만암을 출발해서 우측 산길을 따라 오르다가 능선에 오르니 계곡 건너편에 구만굴이 보인다.

팔월의 나무들은 펄펄 끓는 햇볕을 듬뿍 받아서 그런지 푸른빛이 강하게 느껴진다. 산비탈을 오르는데 힘이 들고 후덥지근해서 죽을 맛이다. 길은 계속 이어지고 능선을 따라 쉬엄쉬엄 1시간 정도 꾸불꾸불한 산길을 오르니 주능선에 올라서고 조망이 확 트인다.

시간을 보니 오후 1시 30분, 올라가는 우측에 봉의저수지가 내려다보였다. 일행은 주능선을 따라가면서 쉬고 걷기를 반복하면서 얼음물과 생수를 쉴 없이 마셨다. 가파르거나 힘든 산은 아닌데 폭염으로 땀이 소낙비처럼 쏟아져 내리고 숨이 턱턱 막혔다.

정상 300m를 남긴 지점에서 억산과 운문산으로 가는 길이 나뉜다. 남은 길은 비교적 완만한 오름길이었지만 오후 3시가 되어서야 겨우 구만산(785m)에 도착했다.

　　구만산 정상은 사방이 숲으로 가려져 이렇다 할 조망이 없어 조금 아쉽다. 이날도 개인 인증샷과 단체 인증샷을 남기고 점심 먹을 곳을 찾아보니 마땅한 곳이 없었다. 하산하면서 적당한 곳에서 점심을 먹기로 하고 쉬지 않고 급히 산에서 내려왔다. 가파른 비탈길을 따라 한참 내려오다가 숲이 우거져 그늘진 곳에 자리를 잡고 늦은 점심으로 김밥을 먹었다.

　　날씨가 너무 더워서인지 밥이 넘어가지 않았다. 단물이 가득한 자두와 얼음에 얼린 시원한 오이를 먼저 먹고 억지로 김밥 한 줄을 입속에 욱여넣었다.
　　더위를 먹었는지 만사가 귀찮게 느껴져서 일행 모두 등산화를 벗어놓고 잠시 휴식을 취했다. 그렇게 30여 분 정도 휴식을 취하고 다시 하산에 나섰다.
　　그런데 쉬었던 곳 바로 아래 계곡이 있었다. 물이 많지는 않았지만 조금 더 내려와서 점심을 먹고 발을 물에 담갔으면 하는 아쉬움이 들었다.
　　계곡을 따라 힘들게 내려오면 구만폭포까지 이어지는 데크길을 만났다. 계곡의 위험한 구간마다 데크가 잘 설치되어 있어서 비교적 안전하게 걸을 수 있다.

　오후 4시 30분에 구만폭포에 도착했다. 폭포에서 떨어지는 물이 많지 않다. 폭포 아래 고인 물이 많지는 않았지만, 물속으로 뛰어들었다. 시원한 물에 몸을 담그니 무덥던 순간들이 순식간에 사라졌다. 구만폭포의 물줄기는 우기에만 잠시 만나볼 수 있을 뿐, 건기 때는 물줄기를 거의 볼 수 없다고 한다.

　여러 갈래의 물을 모아 힘이 세진 물줄기는 골짜기를 따라 내려오면서 여러 개의 폭포를 만든다. 포항 송라계곡의 내연산 폭포처럼 가는 물줄기가 여러 개 걸려 있다. 한 줄기 폭포로 시작해 두 줄기로 나뉘는 폭포도 있고, 반대로 두 개가 하나 되는 폭포도 있다.

　구만폭포 아래 10m 높이의 바위 밑에서 흘러나오는 구만약수. 구만약물탕이라고 불리는 약수는 위장병과 피부병에 좋다고 알려져 있다.

　구만계곡은 통처럼 생긴 바위협곡이 8km에 달해 통수골로 불린다. 높이 40m짜리 거대한 구만폭포를 비롯해 여러 개의 폭포가 아름다운 모습을 보여준다.

　30여 분 정도 시원한 계곡에 몸을 담그고 나와서 걸으니 기분이

상쾌했다. 그런데 얼마 걷지도 않았는데 금방 무더워져 물에 들어갔던 기분마저도 사라졌다.

계곡의 너럭바위를 밟으며 조심해서 날머리 구만암으로 내려서니 오후 6시였다. 차를 세워둔 주차장까지 걸어서 배낭을 벗고, 스틱을 접어도 햇볕은 여전히 뜨거웠다. 오전 11시에 산에 오르기 시작했으니 7시간 가까이 산속에 있었던 셈이다.

차를 타고 근처에 있는 울주군 가지산 온천으로 가는데 문득 이런 생각이 들었다. 무덥다고 집에서 편히 쉬면서 아무것도 하지 않았다면 오늘 구만산을 오르지 못했을 것이다. 비록 폭염으로 힘들었지만, 고통스럽고 힘들지 않은 인생은 없다.

근처에 있는 가지산 온천에서 하루의 피로를 더운 열탕에 녹이고 맛있는 촌동네 식당에 가서 따뜻한 밥 한 그릇과 구수한 청국장 맛에 행복이 이런 것이 아닐까 하는 생각이 들었다. 늦은 저녁 포항에 도착해 그냥 헤어지기가 섭섭해 카페 '논실'에 들러 팥빙수를 같이 시켜 먹었다. 누가 내게 산을 찾는 이유를 묻는다면, 왠지 '행복하게 나이 들기 위해서'라고 말하고 싶은 날이었다.

경주 남산, 열암곡 마애부처님을 만나다

- 2023.07.24 -

　지난 금요일 늦은 오후, '5cm의 기적'으로 알려진 남산 열암곡 마애부처님을 보기 위해 번개 산행을 잡고 새갓골 주차장으로 향했다. 경주 내남, 용장을 지나 한참 달리다 보니 새갓골 주차장 공원지킴터에 도착했다.

　주차장에 도착해 등산화를 고쳐매고 배낭을 지고 지킴터 앞에 서니 열암곡석불좌상(0.8km), 봉화대(1.6km), 칠불암(2.4km), 고위봉(2.8km), 이영재(3.5km)를 안내하는 팻말이 보인다.

　지킴터에서 0.8km 떨어진 석불좌상과 넘어진 채 천년 세월을 견딘 마애불상을 보기 위해 산길을 오른다. 계곡을 따라 졸졸 흘러내리는 물소리를 들으며 비탈진 산길을 오르는데 모녀(할머니와 딸)가 땀을 뻘뻘 흘리며 힘들게 내려오고 있다. 서로 인사를 나누고 조금 올라가니 백운계 새갓곡 절터다.
　먼저 석불좌상이 우리를 반긴다. 그 옆을 보니 유리 천장에 철재로 된 가건물이 있다. 가건물 속을 들여다보니 열암곡 마애불상이 엎드려 있다. 훼손을 막기 위해 임시로 설치한 것으로 보인다.

새갓곡은 산 사이의 골짜기라는 의미로, 열암곡이라고도 불린다. 현재 총 3개의 절터가 확인된다고 한다.

새갓곡 제1사지(석불좌상이 있는 위치)는 상단의 건물지와 하단의 진입 시설이 일부 남아있다. 새갓곡 제2사지는 제1사지 우측의 작은 길 뒤에 위치한 자연 암반에 석축을 쌓아 만든 평탄지이다.

새갓곡 제3사지는 8세기 중엽 사찰이 조성되었고, 8세기 후반 열암곡 석불좌상(경상북도 유형문화재)과 열암곡 마애여래입상이 제작된 것으로 보인다. 이후 조선시대에 사찰이 다시 조성된 것으로 추정한다.

제1, 2사지는 규모나 거리, 산재한 유물 등으로 보아 제3사지에 속한 건물지일 가능성이 있다.

열암곡 마애불상은 2007년 석불좌상 주변을 발굴 조사하던 중 우연히 발견됐다고 한다. 길이 6.8m, 너비 4m, 두께 2m, 무게 80톤으로, 앞으로 넘어진 채 천년의 세월을 견뎠다.

1430년(추정) 지진으로 인해 넘어진 채 오랜 시간 땅속에 묻혀있었는데, 마애불상의 코와 불상 아래 암반 사이의 거리는 불과 5㎝였다고 한다. 계속 방치된다면 불상 위쪽의 바위가 조금씩 내려앉아 훼손될 위험성이 크다.

대한불교조계종에서는 '천년을 바로 세우다'라는 기치 아래

2022년 <열암곡 마애불상 바로 모시기> 고불식 봉행을 올리고 입불 시행을 추진하고 있다.

열암곡의 또 다른 불상인 석불좌상은 열암곡의 절터에서 발견되었다. 열암곡은 남산 남쪽에서 가장 큰 계곡인 백운계의 한 지류로 새갓곳이라고도 한다.

불상은 대부분이 파손되어 머리 부분이 없는 상태로 주변에 흩어져 있었는데, 2005년에 머리가 발견되어 현재의 모습으로 복원·정비했다. 얼굴 아래쪽이 심하게 파손되어 있어서 불상을 받치고 있는 대좌의 중간받침돌도 새로 만들어 넣은 것이다.
양쪽 어깨를 덮은 옷은 몸의 굴곡이 드러날 정도로 얇게 표현하였으며, 얕은 양각으로 새긴 옷 주름도 풍부한 부피감을 표현하는 데 도움을 준다. 두 손은 항마촉지인을 하고 있다. 항마촉지인은 좌선할 때의 손 모양 중 하나로 오른손을 풀어서 오른쪽 무릎에 얹고 손가락으로 땅을 가리키는 모양이다. 석가모니가 수행을 방해하는 모든 악마를 항복시키고 성취하였음을 상징한다고 한다.
석불좌상의 전체적인 조각기법이 석굴암 불상과 비슷해 이 불상도 통일신라 시대 8~9세기의 불상으로 추정된다.

열암곡 석불좌상과 엎드린 마애불상, 두 불상을 배경으로 기념 샷을 남기고 0.8km를 올라 안내 팻말을 보니 봉화곡 봉화대다. 새갓골 주차장에서 1.65㎞ 위쪽 지점이다.

　봉수대는 연기나 불을 이용해서 위급함을 전달하던 통신시설로, 조선 시대에는 전국에 600여 곳이 있었다고 한다. 《신증증동국여지승람》 제21권에 의하면, 고위산 봉수는 동쪽으로는 동악, 남쪽으로는 소산, 서쪽으로는 내포점과 연결된다고 했다.
　지금은 허물어진 돌축대(긴 곳의 길이 32m, 짧은 곳의 길이 15.5m)가 남아있을 뿐이다. 발견되는 기와 조각들을 보아 조선 시대 봉수대로 추정된다.

　봉화대 안내 팻말을 지나 흐르는 땀을 닦으며 계속 산비탈을 따라 오르니 산등성이다. 능선을 따라 걸으면서 바라본 산들은 마치 작은 설악을 보는 듯했다.
　풍경에 취해 걷다 보니 칠불암 위의 능선(우칠봉)까지 다다랐다. 아래에 보이는 칠불암까지는 0.35㎞다. 해가 뉘엿뉘엿 넘어가는 경주시의 들판과 칠불암에 비치는 저녁 햇살이 아름답다.
　선배와 나는 산 주위를 둘러보며 한참 동안 앉아 산바람을 쐬며 멍하니 일몰을 바라봤다. 아쉽게도 선배의 신발 바닥이 헤져 칠불암까지 내려가지 않고 왔던 길을 되돌아 내려오니 저녁 7시다. 시간은 많이 보냈지만 4㎞ 정도 걸은 것 같다.

　새갓골 주차장에서 먼지를 털고 차를 몰아 60년 전통의 경주원조 콩국식당에 들러 입에 붙는 콩국수를 맛있게 먹고, 경주 유일의 음악카페 '바흐'에 들러 시원한 팥빙수로 땀을 식히며 음악을 듣다 보니 밤 9시가 지났다. 보문단지를 지나 천북면을 통과해 포항에 도착하니 밤 10시 30분이다.

    번개 산행으로 경주 남산, 열암곡 마애부처님을 만나고 와서 몸을 정갈하게 씻고 책상에 앉아 하루를 되돌아보니 산이 주는 선물이 최고라는 생각이 든다. 인생에서의 선물은 각자마다 다를 수 있지만 무엇을 하든 즐기는 것이다.
    산에 올라서면 산 아래 펼쳐진 풍경을 보면서 감상할 여유를 갖고 즐긴다. 인생도 자기가 정상에 왔을 때는 잠시 멈춰 즐길 줄을 알아야 한다. 하지만 대부분은 즐기지 못하고 계속 오르기만 한다.

    내 인생은 나의 결정과 선택으로 살아간다. 내 인생의 주인이 되어 살아가기 위해서는 강인함과 지혜로움을 갖춰야 한다.
    어쩌면 산은 걸음으로 걷는 것이 아니라 마음으로 걷는 것일 수도 있다. 산은 네가 원하는 것을 주지는 않지만 내가 꼭 필요한 것을 알려주기 때문이다.
    산길을 오랫동안 걷다 보니 지나온 내 인생의 시간이 얼마나 고맙고 아름다웠는지를 새삼 깨닫게 해준다. 행복이 별건가. 지금이 즐거우면 행복한 삶이 아니던가.

궂은 날씨가 고마운 날, 운문산을 오르며

- 2023.07.17 -

　지난 주말은 궂은 날씨와 전날에 내린 폭우로 불어난 계곡 덕분에 바람 소리와 물소리를 들으며 운문산을 오르는 행운을 누렸다. 산을 오르내리다 보면 맑은 날씨에 활짝 핀 꽃길도 만나고, 햇볕이 쨍쨍 내리쬐는 무더운 날씨도 만난다. 산행에는 늘 날씨의 변수가 따른다.

　선배와 동료, 나. 세 사람은 대이동에서 김밥 몇 줄을 사서 배낭에 챙겨 넣고 오전 9시 30분, 포항을 벗어나 경주시 산내면을 거쳐 밀양시 운문산 자락에 있는 석골사로 향했다. 산벗 일행은 등산이 목적이기는 하지만 굳이 정상을 고집하지는 않는다. 그렇다고 해서 정상을 찍지 않고 하산한 경우는 드물지만, 그만큼 등산 자체를 즐긴다는 말이 어울릴 것 같다.

　자동차로 경주 산내면 문복로 길을 지나다 도로 좌측을 보니 다리 건너 숲 속에 이국적인 2층 건물이 눈에 띄었다. 여러 번 들렀다는 선배의 안내로 일행은 카페에서 모닝커피 한잔하고 가기로 했다. 널찍한 주차장에 차를 세우고 카페 입구를 배경으로 사진을 찍고 들어서니 '산내 그로브(Sannae grove)'라는 영문 입간판이 세워져 있다.

건물은 가운데 입구 문을 중심으로 지붕이 양쪽으로 나누어져 있고, 마당은 잔디가 깔려있다. 그 가운데는 믈의 정원, 직사각형의 대리석 징검다리를 건너 카페로 들어서니 영업시간이 되지 않아 준비 중이었다.

고전풍의 천장과 아늑한 실내를 구경하면서 사진도 찍고, 안에서 밖으로 바라본 멋진 풍경도 사진에 담았다. 밖에는 카페 양편 나무 그늘 아래에서 맑은 공기를 마시며 차를 마실 수 있는 넓은 공간이 조성되어 있었다.

커피 맛을 음미하지 못한 아쉬움을 뒤로하고 다시 목적지로 향하는데, 경주를 벗어나자마자 도로 우측 언덕에 예쁜 카페가 보인다. 일행은 다리를 건너 언덕배기 주차장에 차를 세우고 카페 '별이 나린'에 들러 커피와 쿠키를 시킨다. 카페 옆에는 '별담은채'라는 이름의 펜션도 예쁘게 꾸며져 있다. 갓 내린 커피를 마시면서 주변 경치를 즐기며, 건너편 산 중턱을 바라보니 범선이 흰 돛을 달고 서 있다. 카페가 아닐까 하는 생각이 들었다.

커피를 음미하며 여유롭게 예쁜 마을을 잠시 구경하고, 곧장 석골사로 달린다. 석골사는 주차공간이 거의 없어 주차하기가 힘든데 비 온 후라서 그런지 차들이 적어 주차하기가 좋았다. 지난해 봄에 왔을 때는 주차할 데가 없어서 동네 주민의 개인 사유지에 겨우 주차를 했었다.

산벗은 석골사 주차장에 차를 세우고 등산화 끈을 단단히 매고 산행을 시작한다. 오늘 산행은 들머리 석골사(石骨寺)를 지나 상운암 계곡을 따라 걷다가 정구지바위를 통과해 상운암에서 점심 먹은 뒤 능선삼거리, 운문산 정상, 아랫재, 상양마을로 하산해서 택시로 석골사로 돌아오는 코스다. 운문산은 산벗들과 몇 차례 왔었기 때문에 익숙한 산이다.

운문산은 봄, 여름, 가을, 겨울 모두 계곡에 물이 흘러 항상 아름답지만, 여름 장맛비가 내린 후 콸콸 흘러내리는 계곡을 따라 오를 수 있어 여름 등산으로는 최고의 산이 아닐까 싶다.
아니나 다를까, 등산로 입구에 들어서니 시원스레 쏟아지는 폭포수가 장관이다. 일행은 계곡에 내려가 폭포 앞 바위에 올라서서 기념사진을 남긴다.

지난해 1월 설 연휴 주말에는 삼양리에서 운문산(雲門山)에 올랐다가 원점 회귀를 했다. 이번엔 석골사에서 출발해 운문산에 오른 후 삼양리 상양마을 복지회관에 도착하는 코스여서 운문산 산행 출발지인 석골사와 삼양리 두 지점을 모두 만나게 된다.

오전 11시 50분, 석골사 입구를 표시한 보라색 안내문을 지나 드디어 산행을 시작한다. 석골사에서 100m 정도 걷다 보니 등산안내도가 나온다. 안내도 갈림길에서 운문산(4.3㎞), 상운암(3.6㎞)으로 방면으로 직진한다. 왼쪽은 억산 방향이다. '상운암 가는 길'이라고 쓰인 리본과 바위에 표시된 노란 페인트의 화살표, 상운암 팻말을 따라 걷는다. 상운암으로 향하는 잡목 숲길 사이를 걷는 길은 정말 운치 있다.

운문산 등산로는 오르기 편하다. 정상까지의 산행길은 소나무와 참나무들이 섞여 있으며, 가파른 오르막도 많이 없는 편이다. 비가 온 후라 불어난 물 때문에 조심조심 계곡을 건넌다. 세차게 쏟아져 내리는 계곡 물소리에 앞서가는 사람의 말소리가 거의 들리지 않을 정도다.

비 오듯 흐르는 땀을 닦아가면서 절반은 계곡, 또 절반은 흙과 돌이 덮인 산길을 꾸역꾸역 걷는다. 운무 자욱한 산길을 걷는 발걸음에 신비함이 느껴지고, 무섭게 불어오는 산바람에 온몸이 시원하다. 적절한 때에 불어오는 산바람의 고마움은 땀을 한껏 흘린 등산객이라면 누구나 느낄 것이다.

안내표시판을 보니 운문산 3.0㎞, 상운암 2.4㎞를 가리킨다. 석골사에서 겨우 1.2㎞ 올라왔다. 몇 차례 외폭과 쌍폭, 삼폭을 건너면서 계곡을 조심조심 걸으며 계속 급경사를 오르니 계곡 건너 치마바위가 보인다.

완만한 산길을 조금 더 걸으니, 왼쪽에 딱밭재 방향, 오른쪽에 상운암과 운문산 방향으로 나누어진다. 운문산 쪽으로 들어서면, 상운암까지는 외길이다. 외길을 따라 쉬지 않고 오르는데, 동료가 힘이 많이 든다며 걸음이 느려진다. 나도 그 뒤를 따라 보조를 맞추면서 천천히 걷다가 빨리 걷기를 반복한다.

바위에 표시해놓은 노란색 페인트 화살표를 따라 계속 오른다. 데크다리를 건너고 미끄러운 흙길을 조심해가며 한참을 걷는데, 한 무리의 사람들이 왁자하게 떠들며 산길을 내려오고 있다. 고개를 들어보니 상운암 지수스님께서 불자들과 함께 위험한 산길을 앞서거니 뒤서거니 하면서 안내하고 있었다. 일행 모두는 스님께 안부 인사를 하고, 다시 올라오느냐고 물었더니 암자에서 편히 쉬고 가라는 말만 했다.

선배는 앞서가고 동료와 이런저런 얘기를 나누며 몇 차례 나타난 데크계단을 힘겹게 오르니 곧 상운암이다. 상운암에 도착하니 시원한 감로수가 먼저 반긴다. 곰탕이 된 대가로 얻은 감로수 한 잔을 벌컥벌컥 마시니 힘들었던 걸음이 모두 회복된 듯하다.

상운암 뜰에서 바라보는 전망은 한마디로 최고다. 더이상 표현할 방법이 없다.

구름 위에 지어놓은 세상에서 가장 소박한 관음전(觀音殿)과 상운암, 100여 평 이상은 되어 보이는 넓고 확 트인 전망. 작은 장독 몇 개에 지붕은 천막으로 덮여있고, 앞뜰에는 자연 그대로의 나무토막을 이용해 지은 식탁은 단순하면서도 아름답다. 법정스님이 생전에 앉았던 의자와 다름없는 소박한 식탁에서 우리는 준비해온 맛있는 김밥을 꿀보다 달콤하게 먹었다.

구름 위의 선계, 신선이 사는 곳, 상운암에서 시간 가는 줄 모르고 앉아 있다 보니 오후 2시 30분이다. 상운암 뜰의 주목 한그루가 등을 달고 바람에 심하게 흔들리고 있었다. 상운암에서 멍하니 앉아 바람 부는 대로 휩쓸리는 구름을 보고 있으니, 자연의 조화가 새삼 신비롭고, 마치 내가 구름 위에 있는 듯한 느낌을 받는다.

구름이 펼치는 파노라마를 정신없이 바라보고 있으니 힘들게 산에 올랐던 순간들은 모두 사라지고, 살아있음에 감사함마저 느끼게 된다. 산에서 이렇게 평화로움을 느끼는 시간이 또 언제 있을까, 하는 생각이 든다.

세찬 바람 소리와 짙은 운무의 조화를 배경 삼아 상운암 뜰에서 1시간 가까이 각자 산을 즐기고 휴식을 취한 뒤 운문산 정상으로 향한다. 약 800여 미터 정도 오르면 능선, 능선에서 300m 오르면 정상(1,188m)이다.

정상에서 개인 인증샷과 단체 기념사진을 남긴다. 정상에 잠시 앉아 사방을 조망하며, 폭우 속에 찾아온 비바람을 온몸으로 맞는다. 가슴을 관통하는 운문산 정상의 바람을 오랫동안 잊지 못할 것이라는 예감이 든다.

　운문산의 굳은 날씨가 정말 고마운 날, 운문산을 올랐던 일행은 가지산 방향으로 하산을 서두른다. 가파른 산길을 내려오면서 미끄러지기도 하고, 길을 막은 부러진 나뭇가지를 치워가면서 내려오다 보니 땀이 구슬처럼 흘러내렸다.

　2.8km를 걸어 아랫재 환경감시초소 삼거리에 도착해 가방에 남아있던 과일과 얼음 생수를 나눠 마시며 잠시 휴식을 취한다. 시간을 보니 오후 5시 40분이다. 삼양마을 회관의 위치를 알려주는 팻말을 따라 쉼 없이 걷다 보니 산 입구에 다다랐다. 마을 과수원 농원길을 따라 계속 내려오니 운문산 가는 길 표시의 팻말이 내려온 방향을 가리키고 있다. 드디어 삼양마을 복지회관에 도착했다. 운문산 정상에서 4.3km를 내려왔다. 산행 시작부터 종료까지 7시간 가까이 소요되었다.

　계곡을 따라 물소리, 바람 소리를 들으며, 하루에 집중했던 시간들이 너무 감사하다. 우리의 삶은 당장 어떤 일이 벌어질지 모른다. 그렇기에 하고자 하는 일을 미루거나 막연히 기다리지 말고, 현재에 최선을 다해야 한다.

누군가 "성공은 삶에서 당신이 도달한 현재의 위치가 아니라 그동안 당신이 극복한 장애물들이다"라고 했다. 산은 나에게 늘 선물을 준다. 흔들리고 지칠 때나 만족하고 즐거워할 때도 변함없이. 그래서 주말은 물론 시간이 날 때면 산을 오른다. 운문산이 오늘 나에게 선물을 주었다. 나는 계곡의 우렁찬 물소리에 힘을 받았고, 심장을 뚫고 지나가는 바람의 소리에 단단한 평화를 얻었다.

선배 지인의 차량을 타고 석골사 주차장에 도착해, 계곡에 얼굴을 씻고, 수건을 빨아 목에 걸고 배낭과 등산화를 벗고 차에 오르니 남자 3명의 등산복에서 땀내가 진동을 한다. 하지만 이런 맛에 여름 산을 오른다. 저녁 8시 30분 포항에 도착, 늦은 저녁을 먹고 귀가를 서두른다.

비 온 다음 날 남산에 오르다

- 2023.07.03 -

　산이 좋아 주말만 되면 전국의 명산을 오른다. 토요일은 내가 나에게 선사하는 선물의 날이다. 산은 봄·여름·가을·겨울 사계절 내내 내 마음을 한 번도 사로잡지 않은 때가 없었다. 봄은 봄대로, 여름은 여름대로, 가을은 가을대로, 겨울은 겨울대로 늘 넘치는 감사와 축복을 안겨줬다.

　날씨가 맑은 날은 맑은 대로, 흐린 날은 흐린 대로, 비 오는 날은 비 오는 대로, 바람이 불면 바람이 부는 대로, 눈 오는 날은 눈 오는 대로, 따뜻하면 따뜻한 대로, 더우면 더운 대로, 시원하면 시원한 대로, 추우면 추운 대로 운치가 있고 매력이 있었다.

　산에 들어서는 순간부터 잠에서 깬 듯 두 눈이 청명해지고, 머리가 맑아지고, 기침과 가래가 사라지고, 귀가 시원해지고, 기분이 좋아진다.

　계곡을 따라 졸졸 흐르는 물소리, 여기저기 지저귀는 새소리, 간간이 불어오는 바람 소리를 들으며 하늘에 떠가는 구름을 바라보면 저절로 몸과 마음이 편안해진다. 하루 동안 산속에 머물면서 자연과 무언의 대화를 하다 보면 세상의 이치도 깨닫게 되고, 나를 살게 하는 힘을 갖게 된다.

산 경험이 많은 사람들은 비 온 다음 날에는 무조건 산에 가야 한다는 것을 안다. 비에 씻긴 푸른 나무들, 맑은 햇살 속에 뿜어나오는 산 기운, 상쾌한 물소리를 들으며 걷는 산길은 걸어본 사람만이 느낄 수 있는 행운이다.

비가 온 뒤면 꼭 찾는 산 중의 하나가 경주 남산이다. 평일에도 남산은 최고의 산이지만 비가 온 후에 오르는 남산은 산행객들에게 더 많은 즐거움을 준다. 일단 흙길이 아닌 마사토로 된 길이어서 걷기에 편하다. 또 좋은 점은 어느 골로 올라도 물소리가 끊이지 않는다는 점이다.

금오봉과 고위봉 두 봉우리에서 흘러내리는 40여 개의 계곡 물소리를 따라 걷다 보면 힘들다는 생각은 전혀 나지 않는다. 특히 용장곡, 국사곡, 칠불암 계곡에서 흘러내리는 물소리는 세상사의 모든 시름을 잊게 한다.

지난 주말은 카페 늘人 공용주차장에서 차 한잔 마시고 출발해서 동남산 탐방지원센터, 남산부석, 팔각정터, 금오봉, 용장사곡, 천우사, 관음사, 열반재를 지나 녹원식당(천룡사지)에서 점심 먹고, 다시 열반재, 고위봉, 백운재, 칠불암, 카페 늘人 공용주차장으로 돌아오는 코스를 택했다. 오르내리기를 반복하는 힘든 코스지만 다양한 유적이 있어 볼거리가 많은 길을 잡은 것이었다. 초보 등산객들은 다소 힘든 코스지만 등산 경력이 많은 선배와 둘이서 걷는 길이어서 부담이 없었다.

　장맛비가 잠시 그친 7월 첫날 오전, 포항 대이동에서 만나 경주 칠불암 길목에 있는 공용주차장에 차를 세우고, 주차장 곁에 있는 카페 늘人에 들러, 늘 그랬던 것처럼 잔디 마당에서 커피와 소금빵을 음미하며 잠시 휴식을 취한다. 등산화를 고쳐 신고 배낭을 멘 후 마을 골목길을 지나 국사골 탐방센터로 향한다.
　길가에는 채송화, 석류꽃, 능소화, 달리아가 활짝 피어서 발걸음을 경쾌하게 한다. 전날 내린 비로 깨끗이 세안을 한 남산의 얼굴이 오늘따라 한층 밝다.

　탐방지원센터를 지나면서 공원사무소를 보니 '직원 순찰 중'이라는 안내문이 붙어있다. 센터를 지나 '경주 남산 역사 문화 탐방로' 안내판에서 산행 코스를 확인한 후 정각 12시에 본격적인 산행을 시작한다.
　산길은 계곡을 따라간다. 계곡의 물소리에 귀가 시원하다. 간간이 얼굴을 스치는 골바람과 골을 따라 흐르는 청량한 물소리는 찌든 몸과 마음을 씻어준다. 흐르는 땀 덕분에 살아있음을 몸으로 느끼며 한 발씩 오르다 보니 안내판과 함께 탑부재가 놓여 있다. 이어 '국사곡 제4사지 삼층석탑(400m)', '금오봉 1.75㎞'이라고 쓰인 팻말이 보인다.

우거진 숲 사이로 조금 더 올라가니 금오봉을 1.2㎞ 남겨둔 지점에 작은 석굴이 눈에 들어온다. 5m 정도 되는 길이의 굴에 들어가 보니 박쥐 몇 마리가 놀라서 뛰쳐나온다. 손전등을 켜고 굴을 둘러보고 석굴 속에 서서 몇 장의 사진을 찍는다.

굴 앞에는 돌로 만든 거북 모양의 형상과 돌탑이 나란히 세워져 있다. 경사가 비교적 완만한 계곡을 따라 계속 산을 오르자 '지암곡 3사지 삼층석탑(0.25㎞)' 표시판이 나온다. 계속 올라가니 국사골과 지암골이 갈라지는 분기점이 나온다. 갈림길에서 금오봉까지 0.9㎞가 남았다. 시간을 보니 12시 35분. 우측으로 고개를 돌리니 너럭바위에 수백 년은 되어 보이는 소나무 한 그루가 당당하게 자라고 있다.

고개를 들어 산 위를 보니 큰 바위 하나가 공중에 떠 있는 것처럼 보인다. 바로 남산부석이다. 바위 앞에 자리 잡은 작은 바위와 절묘한 대비를 보여준다. 남산부석(南山浮石)은 큰 바위 위에 부처님 머리처럼 얹혀 있어 마치 커다란 좌불처럼 보이는 바위다. 버선 바위라고도 부르는 이 바위는 경주 팔괴(八怪)의 하나로 사람들이 신앙하고 있다고 한다. 이제 여기서 금오봉까지는 0.6km 남았다.

　남산부석을 지나면 팔각정 터가 나온다. 원래 팔각의 정자가 있었는데 지금은 팔각 모양의 화강암 터만 남아 있다. 그곳에서 몇몇은 점심을 먹고 또 몇몇은 앉아 쉬고 있었다.
　일행은 팔각정 터, 남산일주도로준공비를 지나 0.5km 남은 금오봉으로 발걸음을 옮겼다. 드디어 금오봉에 도착, 개인 인증샷을 찍고 선배와 같이 기념샷도 남긴다.
　금오봉에 세워둔 탐방로 안내도를 확인하고 용장곡(3.5km)으로 내려간다. 용장계곡을 따라 내려가서 천우사로 빠져 관음사, 열반재에 올랐다가 다시 천룡사지 근처 녹원식당에 도착해 점심을 먹는다.

　용장곡은 금오봉과 고위봉 사이 골짜기로 남산에서 가장 큰 계곡이다. 용장사지 계곡을 따라 내려가면 먼저 경주 남산 용상계 탑상곡 제1사지(용장사지) 탑부재 1개가 나온다. 디딤돌 4매를 조립해 받침돌을 만들고, 그 위에 사각형 몸돌을 올려놓았다. 사각형 몸돌 윗면에 다듬은 부분이 있다. 제1사지탑부재를 지나면 용장마을 2.65km, 용장사지 0.2km 안내 팻말이 나온다.

　팻말을 뒤로하고 조금 내려가니 용장사지 삼층석탑(보물 제186호)이 있다. 세계에서 가장 높은 탑이다. 이 석탑은 자연 암반을 깎아 세울 자리를 마련하고, 1층으로 된 바닥 돌 위에 3층의 몸돌을 올렸다. 무너진 절터 아래쪽 계곡에 흩어져 있던 것을 1922년에 복원했다고 한다.

용장곡 아래서 삼층석탑을 올려다보면 하늘 끝에 닿아있는 것처럼 보여 신비롭다. 용장사터 동쪽 바위에 삼층석탑이 있고, 그 석탑 아래에는 석조여래좌상과 마애여래좌상이 자리 잡고 있다. 잠시 걸음을 멈추고 맞은편 고위봉을 바라보니 유순하고 아늑해 보인다.

시간을 보니 오후 1시 30분, 물 한 잔도 마시지 않고 강행군인데도 힘들지가 않다. 비 온 뒤의 산 기운을 온몸으로 받아서 그런 것일까.

삼층석탑 곁에는 세월을 함께 보낸 멋진 노송 한 그루가 늠름하게 지키고 있다. 조금 더 내려오면 용장계 탑상곡 제1사지 탑부재 2개가 나란히 있다. 이어 대밭을 뒤로 두고 널찍한 용장사지(탑상곡 제1사지) 터가 나온다.

용장사는 이 계곡에서 가장 큰 사찰이었다. 용장사는 통일신라 시대 법상종을 개창한 대현 스님이 거주한 곳이며, 조선 세조 때 대학자이자 승려인 설잠(김시습)이 우리나라 최초의 한문소설 금오신화를 집필한 곳이다. 산을 따라 내려오는 시간이 몰랐던 신라 역사를 배우는 소중한 시간이 되었다.

용장곡의 시원한 물소리를 들으며 내려오다 보니 길가에 용당계 돌확도 보인다. 돌확은 돌을 우묵하게 파서 절구 모양으로 만든 물건을 말하는데 지름이 75㎝, 내부크기는 약 25㎝라고 쓰여 있다.

　설잠교를 건너자 이영재와 용장마을로 갈리는 팻말이 나온다. 용장마을까지는 1.8㎞다. 산길에 매월당 김시습의 한시가 두 수 적혀 있었지만, 시간이 너무 지체되어서 사진만 찍고 지나친다. 이윽고 천우사와 고위봉을 가리키는 팻말이 나오자 일행은 천우사 방향으로 발걸음을 옮긴다. 천우사와 관음사를 지나 400m 거리의 열반재를 오를 때는 땀이 줄줄 흐르고 힘이 들었다.

　열반재에서 녹원정사로 가는 솔숲길은 발걸음이 한결 가볍게 느껴졌다. 식당에 도착해 냉장고에서 시원한 물을 꺼내 몇 잔 마시고 나니 정신이 번쩍 들고 더위가 싹 가시는 듯하다.
　점심상을 받아드니 오후 3시. 10여 가지의 나물과 참기름을 넣어 비벼 먹는 산채비빔밥은 어느 음식도 비교할 수 없는 최고의 맛이다. 점심 후 양촌리 커피 한 잔을 마시고 오수를 즐기는 여유도 가졌다.

　충분한 휴식을 취한 뒤 오후 5시가 되어서 녹원정사를 나선다. 식당 문지기 강아지인 똘이, 사라, 해피의 이름을 부르며 인사를 나누고 열반재를 지나 고위봉에 오르니 5시 30분 가까이 되었다. 서둘러 인증샷을 찍고 발걸음을 재촉한다. 이어 백운재, 칠불암을 지나 대안당 마루에 앉아 물과 과일을 나눠 먹고 칠불암 계곡의 청아한 물소리를 들으며 하산했다. 도중에 흐르는 계곡 물로 세수하고 발을 담그니 발이 차다 못해 시리다. 잠시 피로를 풀고 쉬엄쉬엄 내려오다 보니 카페 늘人이다.

오후 7시, 7시간가량의 산행을 마치고 경주의 명품 콩국수 식당으로 향한다. 맛있는 콩국수 한 그릇을 후딱 해치우고 귀가를 서두르는데 문득 에베레스트를 사랑한 진짜 영웅 힐러리경의 말이 떠오른다. "우리가 정복한 것은 산이 아니라 나 자신이다."

우리는 항상 새로운 오늘을 맞으며 산다. 꼭 이뤄야 할 일이 간절하다면 먼저 자신과의 싸움에서 이겨야 한다. 오늘 남산 산행도 나 자신과의 싸움이었다는 생각을 해본다. 공자는 "산을 움직이려고 하는 이는 작은 돌을 들어내는 일로 시작한다"고 했다. 이런 생각을 하다 보니 벌써 헤어질 시간이다. 다음 주 토요일을 기대하면서 주어진 하루를 마무리한다.

비 내리는 주말, 남산을 다시 오르며

- 2023.07.10 -

　비 내리는 주말이나 비가 온 다음 날, 일부러 경주 남산을 오른 지도 벌써 여러 해가 되었다. 날씨가 맑은 날에도 가끔은 남산을 찾기도 하지만 대체로 가보지 못한 산을 찾아 떠난다.

　전문 산악인들은 "등산은 산의 높이가 높을수록, 오르기 힘들수록 매력이 있다"고들 한다. 그리고 혼자 다니는 등산을 단연 최고로 꼽는다. 하지만 혼자 다닌다고 반드시 좋은 것은 아니라고 생각한다. 뜻이 맞는 산벗과 같이 산행을 하는 것도 혼자서 다니는 산행에 비할 수 없는 즐거움이 있다.

　몇 년 동안 함께 다니던 산벗 1명이 청탁받은 글을 마무리하고 9개월 만에 산행에 합류해 3명이 되었다. 마침 비가 온 뒤 주말이라 오전 9시에 늘 만나던 곳에서 만나 남산으로 향했다.

　산행은 통일전과 서출지를 지나 카페 '늘人'에서 커피 한잔 나누고 염불사, 칠불암, 신선암, 백운재, 고위봉, 열반재를 지나 녹원식당에서 점심을 먹은 후 천룡사, 열반재, 고위봉, 백운재, 우칠봉(칠불암 위 봉우리), 봉화대능선, 이영재, 동남산탐방지원센터로 하산하는 코스다. 카페 뒤편 공용주차장에 차를 세우고, 등산화를 고쳐매고 우산을 챙긴다. 카페에 들러 야외 감나무 아래서 커피와 소금빵 한 조각을 나누며 잠시 대화를 나눈다. 비가 내린 후 주말이지만 남산은 안개가 덮이고, 비는 오락가락한다.

오전 11시 20분, 일행은 자리에서 일어나 염불사를 지나 칠불암으로 발걸음을 옮긴다. 염불사에서 칠불암까지는 2km 정도의 거리다. 전날 비가 많이 와서 계곡에 흐르는 물소리가 지난주보다 더 크게 들린다.

나는 이 길을 사색의 길이라 부른다. 솔숲 언덕길을 따라 천천히 걸으면서 계곡의 물소리, 새소리 들으며 사색에 빠져들다 보면 어느새 대안당(大安堂)에 도착한다.

시원한 약수 한 잔을 들이켜고 대안당 마루에 앉아 잠시 쉬면 흐르던 땀이 모두 사라진다. 대안당은 원효의 스승이신 대안스님께서 생전에 대안(大安 : 크게 편하라)이라는 말을 늘 하고 다니셨기 때문에 붙인 이름이라고 한다. 천지의 모든 사람과 미물들이 두루 편안해야 한다는 게 대안스님의 바람이셨던 것 같다.

과일을 한 조각씩 나눠 먹고 계단을 조금 오르니 칠불암이다. 칠불암에는 스님의 목탁 소리와 함께 오십여 명의 불자들이 염불을 외는 등의 의식을 행하고 있었다. 지나는 길에 잠시 두 손을 합장하고 머리를 숙인다.

칠불암 대숲을 지나 가파른 계단과 암반을 오르면 신선암이다. 운무에 휩싸인 경주가 정겹다. 신선암에서 옆길로 조금 내려가면 신선암마애보살반가상이 있다.

신선암을 지나 널찍한 바위에 올라서니 건너편 산의 자락을 타고 오르는 운무의 바다에 탄성이 저절로 나온다. 일행은 0.8㎞를 걸은 뒤 백운재에서 계곡을 따라 내려가 다시 산 중턱을 따라 걷는다. 백운재에서 곧장 하산하다 보면 산정호수가 나온다. 이곳을 지나칠 때면 늘 아쉬움이 남는다. 얼마 전, 경남 김해의 진산(鎭山) 무척산 생각나며 나도 모르게 비교되기 때문이다.

무척산 정상 근처 해발(535m) 천지못(산정호수)은 산꾼들이 편안하게 쉴 수 있는 정자(통천정)와 공간을 조성해놓고 천지못의 유래를 사진과 함께 설명해 놨다. 천지못은 초록으로 뒤덮인 나무들과 어우러져 아름다운 분위기가 연출되고 있다. 3·1운동의 산실인 무척산 기도원도 있고 천지못에서 흘러내리는 폭포 소리는 귀를 시원하게 해준다.

경주시나 국립공원관리소에서 남산 산정호수를 개발해서 산행하는 사람들의 쉼터로 활용할 수 있도록 한다면 얼마나 좋을까. 거기에 신라의 옛이야기가 더해진 스토리텔링을 곁들인다면 더할 나위 없을 것이다.

백운재를 지나니 갑자기 비가 내린다. 우산을 펼쳐 들고 고위봉에 올라서서 기념샷을 남긴다. 우산을 들고 가파른 암벽과 데크계단을 따라 조심조심 걸으면서 산 아래를 바라본 천룡사지는 운무 속에서 더욱 신비롭게 보인다. 이날 산에서 내려오다가 운 좋게도 행운의 붉은 상수리나무꽃을 태어나서 처음 보기도 했다.

　　고위봉에서 열반재까지 1.1㎞를 지나 솔숲 속의 녹원식당에 도착하자마자 시원한 물을 세숫대야에 받아 세수를 하고 발을 씻는다. 산채비빔밥에다 파전을 시켜 놓고, 마루에 앉아 비 구경을 한다. 비 내리는 숲 속 식당에서 늦게 먹는 점심 식사에 감사하는 마음이 들어 코끝이 찡하다. 김장김치를 쭉쭉 찢어 가면서 먹었던 엄마 밥상을 떠올리며 잠시 행복감에 젖는다.

　　일행과 양촌리 커피 한잔을 나누어 마시며 잠시 쉰 뒤 근처에 있는 호국호법성지 불교 5대 수행정진도량 천룡사지로 향하는 길에 그쳤던 비가 다시 내린다. 사찰 터에는 오래된 고목 몇 그루가 비를 맞으며 서 있다.

　　천룡사지 삼층석탑은 보물 제1188호로 지정되어 있다. 원래 무너져 주변에 흩어져 있었던 것을 발굴조사를 통해 위치를 확인하고 1991년 지금의 모습으로 복원했다고 한다. 1층으로 된 바닥돌 위에 3층 몸돌을 올린 형식으로 탑 꼭대기의 머리 장식이 없어진 것을 새롭게 만들어 올렸다.

　이 석탑은 단층 기단에 3층의 몸체돌을 올린 축조수법으로 보아 통일신라 9세기에 만들어진 것으로 추정되며, 탑의 높이는 6.75m이다.

　천룡사는 《삼국유사》에 기록되어 있는 신라의 대표적인 호국사찰이다. 고위산을 뒤로 하고 해발 300m의 산중 평지에 조성되었다. 지금까지 절터에 남아있는 것은 삼층석탑, 귀부, 석조, 부도, 맷돌 등이다.

　전해지는 말로는 경주의 한 부부가 천녀와 용녀 두 딸을 위해 절을 세우고 딸들의 이름을 절 이름으로 삼았다고 한다. 또 다른 전설은 중국에서 온 사신이 천룡사를 보고 이 절을 파괴하면 나라가 곧 망할 것이라 하였는데, 실제로 신라의 국운을 따라 천룡사도 폐사되었다.

　천룡사를 둘러보고 다시 열반재에서 고위봉을 오르는데 빗속에서 바라본 이무기 능선과 금오봉이 눈길을 끈다. 고위봉에서 두 번째 오른 것을 기념하는 인증샷을 남기고, 백운재에서 봉화대 능선 입구(1.4㎞)에 도착한다. 비가 그치고 일행은 봉화대 능선에서 이영재로 발길을 옮긴다.

봉화대 능선 입구에서 이영재까지는 1.6km 정도의 거리다. 그 길을 걷는 동안 풍광이 좋은 자리마다 서서 기념사진을 남긴다. 일행은 이영재 입구까지 가지 않고 갈림길에서 탐방센터 방향을 따라 남은 1.3km를 천천히 걷는다. 남산동 주민의 식수인 약수터의 물도 마시고, 벤치에 앉아 과일도 나눠 먹으며 마지막 휴식을 취한다.

드디어 국사골 동남산 탐방지원센터에 도착, 통일암을 지나 마을 뒷길을 따라 카페 늘人 공용주차장에서 바낭을 벗고 곧장 포항으로 향한다. 저녁 8시, 남구 효자시장에 들러 만두와 밀면메뉴로 저녁을 먹고 근처 목욕탕에 들러 하루의 피로를 씻은 후 차를 한잔 하고 귀가하니 밤 10시가 지났다.

산은 나에게 무엇인가. 산은 나를 늘 깨어있게 하고 사색하게 한다. 나 자신을 믿을 수 있게 하는 용기를 준다. 그리고 흔들리고 힘들 때마다 위로의 말을 들려준다. 그럴 때마다 건강이 허락하고 몸이 따라줄 때까지는 주말마다 산을 끝까지 오를 것이라는 각오를 다진다.

비 내리는 주말, 행복한 마음으로 남산을 걷고 또 걸었다. 궂은 날씨였지만 감사와 기쁨으로 충만했던 하루였다. 도저히 생존하지 못할 것 같은 바위에 뿌리를 내리고 오랜 세월을 버텨온 남산의 작은 소나무처럼, 중심을 잃지 않고 나답게 살아가면서 행복하게 늙고 싶다.

봄비를 맞으며 남산을 거닐다
- 2023.04.17 -

지난 주말은 봄비를 맞으며 경주 남산을 거닐었다. 남산은 전체가 화강암이고, 고운 마사토 산길로 비가 와도 흙이 묻지 않는 곳이다. 오전 9시, 선후배와 만나 포항을 벗어나 경주 통일전, 서출지를 지나 남산동 주차장에 차를 세우고 카페 늘人에 들른다.

서출지(書出池)는 신라 21대 소지왕이 천천정에 행차할 때 목숨을 구한 편지가 나왔다고 해서 붙여진 이름이다. 연못 서편에는 조선 시대(1664년 현종 5년) 남산 임 씨의 입향조인 임적(任勣)을 기념하기 위해 세운 이요당(二樂堂)이란 'ㄱ'자형 정자 건물이 있다. 연꽃이 필 때 이요당에 앉아 못둑에 피는 배롱나무꽃과 소나무가 어우러진 풍경을 감상하기에 멋진 곳이다.
산벗일행은 늘人에 앉아 감나무 가지에 앉아 지저귀는 직박구리들을 바라보면서, 커피와 빵 한 조각을 먹고 나와 우산을 펼쳐 쓰고 지암골 입구로 향했다.

오전 10시 40분. 오늘 산행은 통일전 주차장에서 0.7㎞ 떨어진 동남산탐방지원센터를 출발해 이영재, 봉화대능선, 백운재, 고위봉, 열반재를 지나 녹원정사에서 점심을 먹고, 열반재, 고위봉, 백운재까지 되돌아온 후 방향을 바꿔 신선암, 칠불암, 남산사, 카페 늘人으로 내려오는 코스다.

　　카페 늘人을 나와 통일암을 지나 탐방지원센터 입구에 들어서니 그 곁에 있던 국립공원해설사가 곧바로 가면 이영재, 우측으로는 국사곡 팔각정터, 금오봉으로 오르는 길이라고 친절하게 안내해준다. 일행은 탐방로 안내도를 휴대폰에 담는다. 숲길로 들어서니 비에 젖은 초록 나무들이 유난히 맑고 깨끗하다.

　　상큼한 나무들의 향기를 맡으며 임도를 따라 한참을 걸어가니 약수터가 나온다. 거북 형상의 화강암에서 졸졸 흘러나오는 약수를 받아 마시고 힘을 내 계속 걸으니 고위봉 2.5㎞라는 팻말이 눈에 띈다.

　　우거진 소나무 사이로 조금 걷다 보니 봉화대 능선과 이영재 입구로 갈라지는 길이 나온다. 봉화대능선(1.6㎞)을 따라 좁은 산길을 부지런히 걷다 보니 2주 전까지 꽃길이었던 진달래는 순식간에 지고, 이제는 연분홍 수달래가 그 자리를 대신하고 있다.

　　산벗 일행은 봄비를 맞으며 수달래와 솔향기를 맡는다. 시샘하듯 간간이 부는 비바람에 덧없이 져버린 진달래는 내년 봄이면 다시 볼 수 있을 것이다. 봄비 아래 나뒹구는 꽃잎들은 지나가는 시간이 남기고 간 흔적들이다. 꽃이 떨어진 나무에는 파릇파릇한 별 모양의 잎사귀가 봄비를 머금고 반짝거린다. 운무가 뿌옇게 피어오르는 몽환의 솔숲과 수달래 밭에서 눈을 감고 두 팔을 벌리고 큰 호흡을 하면서 봄기운을 실컷 들이마신다.

숲의 기운을 마음껏 마시고 인증샷을 남긴 후 다시 걸음을 옮긴다. 봉화대능선을 벗어나 전망이 탁 트인 우칠봉(칠불암 위 봉우리)에 앉아 물 한 모금과 과일 한 조각을 나눠 먹는다. 잠시 쉬면서 역사가 살아 숨 쉬는 경주 들판을 내려다본다.

쉼을 뒤로하고 다시 백운재(0.6km)로 향했다. 백운재에서 고위봉까지 가는 거리도 0.6km다. 조금은 힘들게 고위봉에 오른 일행은 각자 우산을 들고 단체 인증샷을 남긴다.

가파른 비탈길과 바위 사이를 빠져나오고 데크계단을 지나 조심조심 내려와 열반재에 다다른다. 이어 천룡사 방향, 녹원정사(1.2km)에 도착하니 젊은 사장 내외가 일행을 반갑게 맞는다. 시간을 보니 오후 1시 40분이다. 배낭을 풀고 등산화를 벗고 따뜻한 방에 들어서니 등과 엉덩이가 뜨뜻하다.

콩나물, 김장김치, 비지, 물김치, 콩, 고추장, 된장찌개 등 여러 가지 나물을 섞어 만든 녹원정사표 산채비빔밥과 부추전, 막걸리 한 잔이 오감을 깨우고 온기를 느끼게 한다. 점심을 먹은 후 커피 한 잔을 한 뒤, 선후배가 사진을 주고받으며 대화를 하는 동안 나는 온돌

방에 누워 잠시 눈을 붙인다.

　점심을 먹는 동안 잠시 비가 그쳤는데, 3시께 자리에서 일어나 나서려고 하니 갑자기 많은 비가 쏟아진다. 그래도 주인장과 감사의 인사를 나누고 부지런히 걸어 열반재를 지나고 고위봉에 올라 쏟아지는 빗속에서 다시 우산 속 세 사람이 기념샷을 남긴다.

　비가 계속 쏟아져서 한달음에 백운재에 드착했다. 열반재를 지나 우칠봉에 도착하니 비가 그치면서 산 아래서 운무가 뿌옇게 피어오른다. 이윽고 산들은 모두 제 모습을 감추고 완전한 운무의 세상이 되었다. 비바람에 따라 순간순간 다른 모습을 연출하는 산들을 보고 있으니 신선의 세계가 따로 없다. 설악산, 지리산, 한라산의 운무도 보고 그 속에 풍덩 빠져 보았지만, 이같이 신비한 자연의 연출을 본 적이 있었던가, 하는 생각이 든다. 시시각각 조화를 부리는 운무를 배경으로 몇 장의 인생샷을 남기는 행운을 누린다.

　화가인 후배는 겸재 정선이 남긴 그림 가운데 대표적인 진경산수화인 <인왕제색도>가 연상된다고 했다. 여름날 한차례 비가 지나간 뒤 안개가 피어오르는 인왕산의 인상적인 순간을 표현한 <인왕제색도>는 바위를 가득 표현해 단순하면서도 대담하게 배치했다. 또한, 안개 부분은 텅 빈 여백으로 처리해 보는 사람의 눈에는 뿌옇게 낀 안개로 보이도록 했다고 한다.

지금 내리는 봄비가 그치면 꽃은 지고, 신비로운 운무의 조화는 사라질 것이다. 그렇다고 너무 아쉬워할 일은 아니다. 봄이 지나면 여름이라는 새로운 계절이 올 것이다. 나무의 새순들은 비를 맞고 쑥쑥 자라 마침내 신록의 계절로 옮겨 가듯이, 우리도 남은 인생을 살아야 한다. 봄날이 끝나도 우리의 삶은 계속되고 각자 자신에게 주어진 삶을 살아갈 수밖에 없다.

신선대를 지나 칠불암 돌계단에서 바라본 암자의 장독대를 보니 왠지 정겹게 느껴진다. 대안당에서 잠시 쉬면서 약수 한 잔으로 갈증을 달랜다. 칠불암은 동남산 봉화골의 가장 높은 곳에 있다. 남산불교 유적 중에 가장 규모가 크고 솜씨가 뛰어난 곳으로 통일신라시대 때 만들어진 마애삼존불과 사방불상이 있어 '일곱 부처님이 계신 암자(칠불암)'라고 한다. 칠불암의 삼존불과 사방불은 남산의 산세와 어우러져, 보는 사람들의 감탄을 자아내게 한다.

약수로 목마름을 해결하고 솔숲길을 따라 쉬지 않고 내려와 주차장에 도착하니 오후 5시다. 하산길은 확실히 가볍다. 즐겁게 산에 올라서 얻은 여유다. 차를 몰아 포항에 도착해 따뜻한 온천에 몸을 담그고 피로를 풀고 나와 간단한 식사로 우중(雨中)의 산행을 마무리한다.

귀가하는 동안 머릿속에는 산행을 했다는 생각보다는 종일 꿈속을 거닐었다는 아련함만 남는다. 6시간이 넘는 시간 동안 우리는 비 내리는 남산에서 말로 표현할 수 없는, 숨겨졌던 황홀한 비경들을 보고 느꼈다. 감히 축복의 시간이었다고 말하고 싶다.

    수시로 산을 찾지만, 어느 산이든 산은 누구도 차별하지 않고 모두를 안아준다. 오늘도 우산을 받쳐 들고 좋아하는 선후배와 함께 남산을 거닐면서 산의 넉넉함과 관용을 배운 하루였다.

최고의 여행지, 울릉의 속살을 만나다(1)

- 2023.04.04 -

　독일의 대문호 괴테는 "여행의 진정한 목적은 도착하기 위해서가 아니라 떠나가 위해서다"라고 했다. 남쪽에서 불어오는 훈풍에 봄꽃이 앞다투어 피어나는 화사한 삼월의 끝자락, 바쁜 일상을 잠시 벗어나 매주 만나 산행을 즐기는 선후배와 함께 2박 3일간 울릉도로 떠났다. 성인봉과 깃대봉 등산과 내수전 둘레길을 걸으며 머리도 식히고 건강도 지키면서 힐링하는 시간을 갖기 위해서다.

　최근 포항 영일만항과 울진 후포항에서 출발해 울릉도까지 왕복하는 대형 크루즈가 매일 운항하면서 울릉도를 찾는 관광객과 등산객들이 크게 늘고 있다.

첫날 * 2023년 3월 31일

　이른 아침, 일행 3명은 울진 후포항에서 8시 15분에 출발해 오후 1시에 사동항 도착 예정인 대아 썬플라워 크루즈를 타기 위해 오전 6시에 만나 자동차의 속도를 높였다. 후포항에 도착하니 20여 분 정도 시간의 여유가 있다. 선배가 혹시 뱃멀미를 할 수 있으니 아침을 먹고 가자고 해서 식당을 찾아보니 고약골밥집이라는 상호가 눈에 들어온다. 그곳에서 김치찌개를 시켜 먹고 후포항 선박터미널에 가니 승선이 시작되었다.

　　예약된 504호실에 배낭과 가방을 내려놓고 갑판에서 주변을 둘러보면서 후포항을 배경으로 개인 사진과 단체 사진을 찍고 있자니 크루즈가 천천히 움직이기 시작한다. 바람 한 점 없이 따뜻한 봄날, 파도는 숨 쉬듯 조용하다.

　　깊이를 알 수 없는 에메랄드빛 동해를 헤치며 곧장 나아가는 크루즈, 잔잔한 은빛 물결의 파도, 배가 간간이 토해내는 기관소리, 창 안에 스며드는 따가운 햇살, 약간씩 느껴지는 배의 흔들림. 이런 기분이라면 지구 끝까지 가고 싶다는 생각이 든다. TV를 보다가 소파에 기대어 꼬박꼬박 졸다가 선창을 내다보니 시간이 정지된 듯 세상이 고요하다.

　　시간을 보니 12시 30분이다. 갑판에 나가니 울릉도가 저 멀리 흐릿하게 보인다. 시간이 조금씩 지날수록 그 모습이 시야에 뚜렷하게 다가온다.

　　하선하니 울릉도에 사는 후배가 마중을 나와 있다. 시간은 오후 1시, 후배의 차에 배낭과 가방을 싣고 점심을 먹기 위해 사동항 숙소 근처에 있는 식당으로 향한다. 울릉 호랑약소플라자에서 소고기가 든 된장찌개를 시켜 맛있게 점심을 먹고 나니 1시 40분이다.

예약한 대아 울릉리조트에 도착해 가방을 내려두고, 배낭을 꾸려 2시 30분에 성인봉 산행을 시작했다. 후배의 얘기로는 오늘 산행할 안평전에서 성인봉까지 이르는 코스는 비경이 빼어나고 특히 가을 단풍이 아름다워 등산객들이 계속 늘어나고 있다고 했다.

울릉도 후배는 차량으로 안평전 등산로 입구까지 태워주고는 하산 장소인 KBS 울릉중계소 주차장에서 5시 30분에 만나기로 하고 돌아갔다.

잘 정비된 산길을 따라 오르다 보니 산비탈 곳곳에 명이나물들이 흩어져 있다. 나무간판에 '울릉도 산천초목'이라고 써놓은 집에는 명이나물, 부지깽이, 고비, 더덕 모종 및 묘목을 분양한다는 문구도 보인다.

성인봉은 지난해 1월 말 선후배와 같이 오른 적이 있다. 산행을 마치고 '설국 울릉, 성인봉에 빠지다'라는 제목으로 산행기도 썼다.
울릉도의 최고봉인 성인봉은 국내 100대 명산으로 꼽힌다. 산모양이 성스러운 사람을 닮았다 하여 붙여진 이름이라 한다. 1년에 300일 이상 안개에 잠기는 성인봉은 그 신비감 때문인지 한 해 10만 명 이상이 찾는다고 한다. 맑은 날, 성인봉 정상에 서면 산죽과 마가목 사이로 짙푸른 동해가 넘실거리고 독도가 잘 보인다.
성인봉을 오르는 코스 중 등산객들이 가장 선호하는 안평전 등산길은 폭우로 산사태가 발생한 후 잦은 낙석과 사면 붕괴 등의 이유로 울릉군이 한동안 등산로를 통제했다.

안평전 등산로는 연중 크고 작은 산악사고가 자주 발생하는 지역으로 알려져 있다. 낙석과 깨진 자갈이 등산객들의 안전을 위협하기 때문이다. 실제로 성인봉 지형 답사 중 실종, 순직한 故 조영찬 울릉 경비대장도 안평전 등산로에서 변을 당했다.

최근 개통한 등산로는 사업비 4억 원을 들여 안평전 주차장에서 관모봉 동쪽 7~8부 능선을 지나도록 했다. 낙석피해로 통제된 기존 노선의 반대쪽 사면으로 길을 내 안전이 확보됐다.
일부 급경사 구간에는 목재데크(2개소, 총 55m), 야자매트(130m), 목계단을 시공했다. 노선 중간에 등산객이 쉬어가는 벤치와 방향안내를 위한 이정표도 설치되어 있다.
이정표를 따라 쉬지 않고 오르면서 전망이 좋은 곳과 갈림길 안내판 앞에서 사진을 남긴다. 바람등대와 성인봉 방면으로 올랐다가 내려가는 등산객들도 간혹 눈에 띈다.

연분홍 산벚과 나무 밑동에 낀 이끼와 고사리 등 양치식물들을 보면서 한 발씩 오르다 보니 어느새 성인봉 정상(986m)에 다다랐다. 처음 와본 후배는 주위를 둘러보며 감탄사를 연발한다. 개별 인증샷과 함께 추억의 단체 사진도 남긴다. 정상에 앉아 주변을 조망해보니 동해가 한눈에 들어오고, 주변 산세와 함께 뾰족하게 솟은 해안의 섬들이 군데군데 보인다.

일행은 하산을 서두른다. 선배의 지인과 저녁 6시. 저녁을 같이 하기로 약속을 해놨기 때문이다. 하산은 출발지인 안평전 주차장이 아닌 KBS울릉중계소 방향으로 하기로 했다. 지난해 선배와 올랐던 코스로 내려가니 지난해 겨울 산행의 추억이 새롭게 떠오른다. 계곡에는 아직도 눈이 녹지 않고 그대로 쌓여 있다. 가파른 하산길에 쓰러진 나무들을 치워가며 내려오니 울릉도 후배가 미리 와서 기다리고 있었다. 먼지떨이로 등산복과 등산화를 깨끗이 털고 차로 숙소에 도착해 씻고 나니 기분이 상쾌했다.

선배의 지인과 약속한 울릉읍 식당에 가서 회를 먹고 매운탕에 소주까지 한 잔 곁들이니 하루의 피로가 성인봉에 쌓인 눈이 녹듯이 사라졌다. 저녁을 먹고 울릉 사동리에서 가장 고지대에 자리 잡은, 야간조명이 아름다운 카페 '레온'에 들렀다. 사동항과 울릉 바다의 야경을 바라보며 마시는 커피는 색다른 느낌이었다.

내일 아침에 먹을 빵과 음료수를 사서 숙소에 도착하니 저녁 9시다. 카톡으로 사진을 주고받으며 잠시 이야기를 나누다가 모두 꿈나라로 향했다. 내일은 관음도에 올라 섬을 한 바퀴 걷고, 나리분지, 깃대봉, 석봉전망대, 울릉천국 아트센터를 둘러보는 일정이다.

최고의 여행지, 울릉의 속살을 만나다 (2)

- 2023.04.06 -

울릉도는 육지와 떨어져 있어서 사람들의 왕래가 뜸했기에 독특한 생태계를 간직할 수 있었다. 울릉도를 '한국의 갈라파고스'라고 부르는 것은 이런 연유에서다. 울릉도는 걷기여행의 천국이라고도 알려져 있다. 산과 바다가 어우러진 길을 따라 구석구석 걷다 보면 울릉도의 깊은 속살을 만날 수 있는 산길이 수두룩하다. 울릉도의 유일한 평지인 나리분지에서 성인봉에 이르는 길은 자연과 인간이 교감할 수 있는 최상의 코스다.

이튿날 * 2023년 4월 1일

이른 아침, 산자락에 자리 잡은 리조트 언덕을 후배와 걸으며 바라본 사동항과 울릉 바다는 육지에서 찌들었던 답답한 가슴을 확 뚫어주는 것 같았다. 선배가 잠에서 깨어나자 숙소에서 빵과 우유로 간단히 아침 식사를 한다.

9시가 되자 울릉도에 사는 후배가 와서 출발을 알린다. 일행은 차에 올라 관음도로 향한다. 관음도는 일주도로가 개통되기 전까지는 막혀 있는 도로의 끝이었다. 하지만 지금은 국가 지질공원으로 지정된 섬으로 국가산림문화자산으로 등록되어 있다.

관음도는 섬 속의 섬으로 죽도와 독도 다음 세 번째로 큰 섬이다. 관음도 다리(보행연도교)는 2012년에 길이 140m, 폭 3m로 섬목에서 관음도까지 놓이면서 사람의 발길이 닿게 된 섬이다.

관음도 산책을 위해 입구 매표소에서 후배가 입장료를 내고 엘리베이터를 타려고 하는데 관음도 안내문이 벽에 붙어있다. 관음도의 형성, 관음쌍굴, 주상절리의 형성과정에 대한 설명이었다. 타워를 올라가니 나무데크 길이 나온다. 사람의 발길이 닿지 않은 길을 따라 걷는다. 곳곳에 피어있는 동백과 벚꽃, 수많은 괭이갈매기가 날아다니는 모습을 보니 왠지 모를 신비함이 느껴진다. 데크길을 걷다가 관음도 보행연도교에 도착하니 걸음마저 왠지 가볍다.

연도교를 건너면서 아래를 보니 주상절리가 보이고 고개를 드니 가파른 데크계단이 기다린다. 계단을 오르니 바로 울창한 숲이 나온다. 숲 속에선 새들이 귀를 즐겁게 해준다. 울릉도의 장점은 살아있는 자연을 그대로 보존하고 있다는 점이 아닐까 싶다.

산책길은 두 코스로 나누어져 있고 코스마다 전망대가 설치되어 있다. 두 코스를 연결해서 걸으면 섬을 한 바퀴 도는 길이 된다. 어느 코스로 가든 서로 통한다. 산책로 사이에는 초록색 명이나물

형태의 의자 조형물이 눈길을 끈다.

한 코스는 섬을 올라 왼쪽으로 진행하는 코스로 삼선암이 보이는 쪽이다. 바다 위에 우뚝 서 있는 삼선암의 아름다운 조망과 관음도의 절벽이 그야말로 예술이다.

또 한 코스는 섬을 올라 오른쪽으로 나가는 코스로 죽도가 조망되는 방향이다. 전망대에 서면 죽도와 동쪽 전망이 눈앞에 펼쳐진다.

관음도는 천천히 걸어도 1시간 30분 정도면 충분하다. 동백군락이 가득한 무인도를 걷는 산책길은 울릉도가 아니면 걸어볼 수 없는 길이라는 생각이 든다. 관음도를 걸으며 전망이 좋은 곳에서는 개인과 단체 인증샷을 남긴다.

관음대를 내려와 일행은 나리분지로 향했다. 나리분지에 도착하니 오후 1시 30분이다. 차에서 내려 표시판을 보니 나리분지, 산책로(신령수, 성인봉, 깃대봉), 추산 용출소 세 방향을 안내하고 있다. 일행은 주차장 곁에 있는 늘푸른산장식당에서 점심을 먹고 산책로 숲길을 지나 깃대봉을 오르기로 했다. 벚나무 아래 마련된 식탁에 자리를 잡고, 바람에 흩날리는 꽃비를 감상하면서 울릉도 산나물인 명이, 부지깽이 등을 섞은 산채비빔밥을 맛있지 먹었다.

나리분지 알봉둘레길은 높이 538m의 알봉을 가운데 두고 울릉도에서도 거의 유일하게 평지로 이뤄져 있어 위험하지 않고 편하게 걸을 수 있는 곳이다. 나리분지와 알봉둘레길은 겨울이면 울릉도에서 가장 눈이 많이 내리는 곳이라 늦은 봄까지도 눈이 쌓여 있다고 한다.

알봉은 5천 년 전 울릉도 마지막 화산폭발 때 생성된 봉우리로 용암이 멀리 흐르지 못하고 봉곳한 돔 형태 그대로 굳어져 마치 새의 알처럼 생겼다고 붙여진 이름이다.

점심 식사를 끝내고 울릉도의 깊은 속살을 볼 수 있는 나리분지 숲길로 들어선다. 울릉읍 북면 나리동에 있는 나리분지 숲길의 총 길이는 약 4.5㎞로, 성인봉 북쪽의 칼데라 화구가 함몰되어 형성된 화구원으로 울릉도 유일의 넓은 평야 지대다.

숲길은 나리분지에서 성인봉 기슭에 이르는 길로 말오줌나무, 우산고로쇠, 섬남성, 회솔나무, 너도밤나무, 섬피나무, 섬단풍나무, 마가목, 솔송나무 등으로 이루어진 원시림과 섬백리향, 섬말나리, 맥문동, 산마늘, 보춘화(춘란, 울란), 울릉국화 등 희귀 멸종 위기 식물의 자생지를 만날 수 있다.

숲길을 지나니 알봉둘레길 입구 0.3㎞, 깃대봉 2㎞ 표지판이 길을 안내한다. 길가에는 옥수숫대와 억새로 덮은 투막집 두 채가 나란히 있다. 1945년대에 건축한 것으로 본래 3칸 집이었으나 한 칸을 달아 내어 현재는 4칸으로 되어 있다. 폭설과 비바람을 막기 위해 세운 외벽인 우데기는 옛 주민들의 지혜가 엿보였다. 마치 울릉도 개척 당시 기후와 지형을 극복하며 살았던 주민의 옛 모습이 그대로 보이는 것 같았다.

나리분지에서 깃대봉으로 오르는 길은 원래 등산로로 쓰기 어려운 상태였다고 한다. 현 울릉군의회 공경식 의장이 깃대봉을 자주 찾으면서 관심을 갖고 등산로를 만드는데 정성을 쏟았다고 한다. 덕분에 이제는 탐방객들이 많이 찾는 곳으로 바뀌었고 산행하기도 편해졌다.

깃대봉의 출발지점인 나리분지 끝에서 선배가 앞서고 후배는 뒤따르고 필자는 가운데서 빠른 걸음으로 걷다 보니 금세 깃대봉(579m)에 닿았다. 초보등산객이 아니라면 그렇게 힘들지 않은 코스다. 나리분지 주차장에서 출발해 숲길과 투막집을 지나 깃대봉에 도착하는 데 걸린 시간은 1시간 30분 정도다.

깃대봉에 오르면 울릉도 북쪽 풍경이 순식간에 펼쳐진다. 정상에서 인증샷을 남기고 굽이굽이 펼쳐진 능선들을 감상한다. 멀리 보이는 대풍감, 공암 코끼리바위, 송곳봉이 절경이다. 일행은 아름다운 풍광을 마음껏 즐기다가 석봉전망대 방향으로 하산하기로 했다.

하산길은 오르던 등산로와 달리 가파른 비탈길이다. 낙엽이 가득 쌓인 산길을 빠른 걸음으로 미끄러지듯 내려오다 보니 길이 갈라진다. 일단 석봉전망대로 갔다가 되돌아와서 내려가기로 했다. 깃대봉 정상은 공간이 좁지만 석봉전망대는 넓어서 쉬기가 좋다. 전망대에서 내려다본 북면 풍경은 손에 잡힐 듯 가깝게 다가온다.

하산하다가 산속에서 솟아나는 차가운 물 한 모금을 마시고, 얼굴을 닦으니 흐르던 땀이 순식간에 사라진다. 깃대봉에서 내려오니 대한민국 포크의 전설, 가수 이장희가 사는 '울릉천국 아트센터'(이하 울릉천국)에 도착한다.

깃대봉이 보이는 옥녀봉 아래 자리 잡은 울릉천국에서 일행은 정자와 연못, 아트센터, 가수 이장희와 그가 키우던 개 라코의 동상 조형물, 70년대 대중문화가수들의 이름이 새겨진 돌과 '울릉도는 나의 천국' 노래비 앞에서 기념사진을 추억으로 남긴다. 마당에는 하늘, 바람, 바다와 함께 음악을 즐길 수 있는 공연공간이 있어 이미 울릉도의 명소가 되어 있다.

울릉천국을 나와 주차장에서 기다리는 후배와 울릉도독도해양연구기지 앞의 바다에 도착해 참소라(해방고동)를 잡고 미역을 채취해서 먹거리를 마련했다. 선배는 등산복 차림으로 혼자 바다에 뛰어들어 수영 실력을 보여줬다.

오후 햇살이 뉘엿뉘엿 넘어가자 숙소로 돌아와 하루를 깨끗이 씻어내고 울릉읍내에 있는 추산마루식당에 저녁을 먹으러 갔다. 식사를 마치고 숙소에 오니 저녁 9시 30분. 곧장 잠자리에 든다. 원시림의 내수전 둘레길을 걸으며 추억을 만들 내일을 기대하며 또 하루를 마감한다.

최고의 여행지, 울릉의 속살을 만나다(3)

- 2023.04.11 -

    울릉도 내수전 옛길은 세월에 지친 현대인의 어깨를 다독이며 힘을 주는 곳이다. 일주도로에서 유일한 흙길인 내수전~섬목 구간(4.4㎞)은 예로부터 북면 사람들이 행정중심지인 도동에 드나들던 길이다. 울릉도의 험준한 동쪽 해안을 끼고 돌며 깊은 원시림 속으로 이어진 내수전 옛길은 풍광이 빼어나기로 유명하다.

    현대인들이 자주 접할 수 없는 원시림을 걸으며 추억을 남길 수 있는 옛길은 황홀하다. 텅 빈 산속은 한없이 자유롭고, 숲의 냄새며 바람의 느낌이 다르다.

    사람들은 늘 새날을 맞는다. 하지만 온전히 새로 생긴 새날은 아니다. 어제가 있어 오늘이 새로운 날이다. 어제는 없어지지만, 우리 곁에 켜켜이 세월로 쌓여 있다. 자연이 좋아지고 자연 덕분에 계절의 변화를 느끼고, 인공보다는 자연이 좋다는 것을 알게 되면 이미 나이를 먹은 것이다. 오늘은 내수전~석포 구간(3.3㎞)를 걷는다.

사흘날 * 2023년 4월 2일

    아침에 일어나 숙소 주변에 활짝 핀 꽃들을 본다. 혹독한 겨울을 이겨낸 꽃들이 눈부시게 아름답다. 빵과 음료로 조반을 대신하고 9시에 후배의 차량에 올랐다. 울릉도에 온 지 사흘날, 울릉도 하이라이트 코스 중 하나인 내수전 옛길을 걷는 날이다.

　울릉도 개척시대에 화전민 김내수(金內水)라는 사람이 곡괭이로 화전을 일구고 살았다 하여 붙여진 '내수전(內水田)'이다. 해맞이 명소인 내수전은 닥나무가 많다 하여 '저전포'라고도 불렸다고 한다.

　내수전둘레길 입구에 도착하니 관광버스들이 여러 대 주차해 있다. 하지만 사람들은 보이지 않았다. 울릉숲길 종합안내판에는 숲길의 기원이라는 제목과 함께 천부, 죽암, 석포, 내수전전망대, 저동으로 이어지는 숲길은 폭풍우로 출항이 불가능할 때 저동으로 통하는 옛길이었으며, 정매화 계곡이 그 사연을 간직하고 있다고 설명하고 있다.

　또한, 숲길에서 만나는 동식물로는 섬초롱꽃, 섬단풍, 섬말나리, 흑비둘기 등이 있다는 내용과 화산지형의 완만한 숲길, 해안절벽 경관, 험준한 경사도와 경작지 및 촌락 등도 소개하고 있다.

　일행은 따사로운 햇살 속에서 울릉의 속살을 보며 걷기로 했다. 포장도로를 따라 조금 걸으니 흙길이 나온다. 양치식물들과 청보라빛 동해를 바라보며 걷는 발걸음이 가볍게 느껴진다. 한 명이 걷기에 적합한 오솔길을 천천히 걷다 보면 첫 번째 전망대가 나온다. 앉아서 쉴 수 있는 의자도 만들어 놓았다. 평지를 걷다가 가파른 구간에는 데크가 놓여있어 안전하게 걸을 수 있다. 데크 구간이 끝나고 나면 꼬불꼬불 이어지는 길들이 정겹다.

　힘들면 쉴 수 있도록 놓여있는 의자와 길가에 만들어 놓은 안내판의 식물 소개 글이 곳곳에 보인다. 이대, 울릉국화, 울릉미역취, 여우꼬리사초, 섬피나무, 눈개승마, 왕해국, 너도밤나무 등을 보는 것도 즐겁다. 하지만 낙석 위험 구간과 미끄럼 구간이 있어 조심해야 한다.

　외길이라 폭이 좁고 가파른 경사도가 있어 주위를 살피고, 나무 뿌리들이 뻗어나온 곳도 보인다. 원시림임을 느끼게 하는 고비, 일색고사리, 공작고사리 군락지는 울릉도에서만 볼 수 있는 풍경이다. 식물들을 살피면서 부지런히 걷다 보면 출렁다리가 나온다. 다리를 지나면 정매화 계곡이다. '정매화골 쉼터 유래'라고 쓰인 안내판에는 정매화라는 사람이 살던 외딴집이 있던 자리라서 '정매화골'로 불린다고 적혀 있다.

　걸어서 섬 일주를 왕래하던 시절, 군 소재지 마을 도동에서 북면 천부 마을로 가는 중간에 위치한 이곳에 '1962년 9월 이효양 부부가 슬하의 삼 남매와 함께 정착해, 1981년 이곳을 떠나기까지 19년 동안 거주했다. 부부가 노상에 폭설 또는 폭우를 만나 허기지고 조난을 당한 300여 명의 인명을 구조한 따뜻한 미담이 깃든 곳'이라는 설명이 쓰여 있다. 정매화골 쉼터를 지나던 이름 모를 나그네들이 정성스럽게 쌓은 돌탑이 있다.

　석포로 가는 길에는 깔딱 고개처럼 오르막길이 등장한다. 곧장 산길을 따라가다 보면 두 번째 전망대가 나온다. 위치가 높은 만큼 죽도가 선명하게 보인다. 바닷가 주변의 나무들은 푸릇푸릇한 싱그러움을 전해주고 명이나물과 부지깽이나물이 길가에 수두룩하다. 후배는 점심때 삼겹살과 같이 먹자며 나물을 한 봉지가량 채취했다.

　평탄한 산비탈을 타고 도는 길의 중간중간 내려다보이는 죽도와 바다 경치가 정말 아름답다. 돌계단을 따라 올라가다 보니 이번엔 내리막길이 나온다. 가파른 구간에는 데크가 설치되어 있어 안전하지만 미끄러운 곳도 더러 있다. 죽도가 코앞에 보이는 한적하고 조용한 길옆에 '석포산장'이 눈에 띈다.

　독도, 죽도, 관음도가 한눈에 선명하게 보이는 북면 석포산장에는 누렁개 한 마리가 꼬리를 흔들며 일행을 반긴다. 커피 한 잔을 시켜놓고 산장주인과 인사를 한 뒤 이런저런 대화를 나눴다. 그는 포항에서 경찰로 근무하다가 울릉도가 좋아서 자진해서 울릉도 발령을 신청했고, 퇴직 후 아예 이곳에 자리를 잡았다고 한다.
　잠시 쉬었다가 주인장과 작별인사를 나누고 왔던 길을 되돌아 나오면서 아까는 보지 못했던 울릉도 특산식물인 섬나무딸기, 섬벚나무, 말오줌때, 섬초롱꽃, 섬기린초, 섬단풍나무, 섬벚나무도 본다. 울릉도의 희귀식물인 섬남성, 섬말나리, 큰연영초, 천 년 동안 산다는 주목의 동생 회솔나무, 천연 기름을 내어주는 동백나무, 굴거리나무, 섬단풍과 우산고로쇠도 보는 행운도 누린다.

내수전~석포 구간을 왕복한 뒤, 차에 올라 숙소로 가는 도중에 식육점에 들러 삼겹살을 샀다. 숙소에 도착해서 가스레인지에 삼겹살을 굽고 내수전 옛길에서 뜯은 산나물로 쌈을 싸서 늦은 점심을 맛있게 먹었다.

오후 3시 30분, 사동항에서 후포항으로 가는 출항시간을 보니 1시간여 남았다. 후배의 안내로 특산물 상점에 잠시 들러 호박엿과 젤리 몇 봉지를 기념으로 사고, 근처에 있는 카페 '레온'에 들렀다. 차 한 잔을 마시면서 사동 앞바다에 정박한 크루즈를 보며 지난 이틀을 되돌아 본다. 3일 동안 많은 도움을 주었던 후배에게 고맙다는 인사를 하고 크루즈에 오르니 약간의 흔들림과 함께 배가 곧 출항한다.

큐슈 남쪽 야쿠섬에 살다가 세상을 떠난 농부시인 야마오 산세이는 그의 책 《어제를 향해 걷다》에서 "사람은 누구나 목표를 자기실현이라는 한 점을 두고 한 걸음 한 걸음 걸어서 갈 수밖에 없다. 우리가 이 세상에 태어난 목적은 자기실현을 통해서 자기 자신이 되는 길밖에는 없기 때문이다. 여행은 길 위의 여행을 빼놓고는 생각할 수 없고, 거꾸로 길 위의 여행이야말로 유일한 여행"이라고 했다.

2박 3일 짧은 시간, 길 위의 여행을 마치면서 두 발로 거뜬히 걸을 수 있었음에 감사한다. 아울러 내 삶에 진정한 주인으로 살아갈 수 있는 나를 만나기 위해 힘들어도 걸음을 멈추지 말아야겠다는 생각도 가져본다.

저녁 8시, 일행은 후포항에서 내려 주차장에 세워둔 차를 몰고 포항 시내에 도착해 저녁 식사를 같이하며 꿈같이 흘러간 시간에 모두 감사했다. 늦은 밤 집으로 귀가하는 길은 형형색색의 꽃들이 다투어 봄을 찬양하는 완연한 봄밤이었다.

꽃길을 걸으며 운문산 상운암에 오르다
- 2023.03.20 -

　지난 주말은 진달래가 활짝 핀 꽃길을 따라 운문산 상운암에 다녀왔다. 맑은 날씨와 함께 서로 다투듯 피는 봄꽃, 파릇파릇 돋아나는 새싹들이 연출하는 자연의 신비를 만끽하면서 아름다운 봄날 두 발로 자유롭게 걸을 수 있음에 감사했다.

　늘 산에 같이 다니는 선배와 게스트로 참가한 또 다른 선배와 함께 포항에서 출발해 밀양시 산내면 얼음골 카페 '산내랑'에 들렀다. 커피와 빵 한 조각을 먹고 나니 아침 요기가 되었다.
　카페서 나와 석골사 주차장에 도착하니 오전 11시 40분이다. 주차장 옆 석골폭포에는 계곡 물이 흘러내리고 있다. 여름이 되면 더위를 피하려는 피서객들로 가득한 곳이다.

　등산지로 유명한 운문산은 경남 밀양과 양산 그리고 경북의 경주, 청도, 울산시, 이렇게 5개 시군에 걸쳐 있다. 비구니 사찰인 운문사 일대는 생태경관 보전지역이라 입산이 금지되어 있어서 산행할 수 없다. 때문에 거의 모든 등산객이 밀양시 산내면 상양마을회관이나 석골사를 들머리로 산행한다.

석골사는 대한불교조계종 제15교구 본사인 통도사 말사로서 밀양시 산내면 원서리 운문산 자락에 있는 사찰이다. 삼국유사에 따르면 신라 진흥왕 12년(560년) 비허(備虛) 법사가 짓고 보양(寶壤) 법사가 중창한 것으로 추정되고 있으며, 현재 경남 지정문화재 제44호 전통사찰로 지정되어 있다. 삼국사기 기록에 따르면 보양은 고려의 건국을 도와주기 위해 태조 왕건에게 산전 격퇴의 작전을 일러준 명승으로 알려져 있다. 또한, 임진왜란 시 관군과 의병이 함께 주둔해 왜병과 싸웠고 인근의 백성들이 집결해 피난한 곳이었다는 기록이 《밀주구지(密州舊誌)》 등에 남아있는 것은 이곳 석골의 요새 같은 산새와 아울러 이 절의 유서를 더해 준다. 한때 석굴사(石窟寺) 또는 노전사(老澱寺)라고도 불렸다.

1592년(조선 선조 25년) 임진왜란 때 의병들이 활약하던 곳이었으며, 1753년(영조 11년) 임진왜란 때 소실된 일부를 함화(含花)가 중창한 뒤 오랫동안 명맥을 이어오다가 1950년어 불에 탔고, 1980년대에 복원해 오늘에 이른다.

건물로는 극락전과 칠성각, 산신각, 요사체 2동이 있고, 유물로는 석조 아미타삼존불과 절구·석탑 재료 등이 전한다. 이 중 석조 아미타삼존불은 극락전에 있으며, 석탑 재료는 기단과 보주 등만 발굴되었다. 특히 석골사는 아미타삼존불의 원력으로 중생의 깨달음과 소원성취의 기도처이며 극락왕생 발원의 귀의처이다.

지난 1월 설 연휴 주말에는 삼양리에서 운문산(雲門山)에 올랐다가 원점 회귀를 했다.

11시 50분, 드디어 일행은 산행을 시작한다. 코스는 석골사(石骨寺)에서 상운암 계곡을 따라 걷다가 정구지바위를 지나 상운암에서 점심을 먹고 능선삼거리, 운문산 정상에 올라서 잠시 쉬었다가 다시 능선삼거리로 돌아와서 딱밭재에서 편한 길을 따라 석골사로 원점 회귀하는 것으로 했다.

너른 길을 따라 100m정도 걷다 보니 등산안내도가 나온다. 안내도 갈림길에서 운문산(4.3㎞), 상운암(3.6㎞) 방향으로 직진한다. 왼쪽은 억산 방향이다. '상운암 가는 길' 리본과 바위에 표시된 노란 화살표, 상운암 팻말을 따라 계속 걷는다. 안전 난간과 로프가 설치된 길을 오르니 계곡 건너 치마바위가 보인다.

운문산 등산로는 유순하다. 정상까지 이어지는 산행길은 소나무와 참나무들이 섞여 있으며 가파른 오르막이 많이 없는 편이다. 계곡을 따라 정겨운 물소리를 들으며 걷는 발걸음에 운치가 느껴지고, 산길에 활짝 핀 진달래는 마음을 상쾌하게 한다.

완만한 산길을 조금 더 걸으니, 왼쪽은 딱밭재 방향, 딱밭골과 상운암 계곡이 만나는 합수점에서 계곡을 건너 산길을 계속 오른다. 둥그스름한 정구지바위 앞 갈림길에서 운문산(2.5㎞), 상운암(1.7㎞)

방향으로 곧장 걷는다. 정구지바위는 옛날에 마고할멈이 정구지를 앞치마에 담고 가다가 흘렸다는 데서 그 이름이 유래됐다고 한다.

이제부터 상운암까지는 외길이다. 외길을 따라 꾸준히 오르는데, 선배는 힘이 많이 든다며 자주 걸음을 멈춘다. 나도 따라 보조를 맞추면서 걷다가 쉬기를 반복한다. 걷다 쉬기를 반복하면서 이런저런 얘기를 나누다 보니 데크계단이 나오고, 한참을 더 걸어 상운암에 도착했다. 상운암 입구에는 시원한 감로수가 졸졸 흘러나온다. 땀 흘리며 힘들게 올라온 보상으로 감로수 한 잔을 벌컥벌컥 마시고 나니 순식간에 힘이 불쑥 솟는다.

그동안 내가 본 것 중에 가장 소박한 법당인 관음전(觀音殿)과 구름 위에 있는 암자, 상운암(上雲庵)에는 노스님 한 분이 기거하고 계신다. 100여 평 정도 될까, 넓게 확 트인 평지에 천막으로 지은 암자인 상운암 앞뜰에는 자연 그대로의 나무토막을 이용해 지은 원두막 식탁은 단순하면서도 아름답다. 소박한 식탁에는 먼저 올라온 일행들이 점심 공양을 들고 있었다.

선배 둘과 구름 위의 세계, 신선이 사는 곳, 상운암에서 인증샷을 남기고 속세를 내려다보며 잠시 휴식을 취한다. 이어 상운암 마당 끝자락, 확 트인 전망 좋은 곳에 자리를 펴고 늦은 점심을 먹는다. 시간을 보니 오후 2시 30분이다.

선배가 준비해온 점심을 보니 그냥 밥상이 아니다. 불고기, 갈비, 생선구이, 전, 나물, 국, 야채쌈, 따뜻한 밥 등등. 산 위에서 이런 진수성찬을 맛보다니, 고마움에다 꿀맛이 더해진 최고의 식사다. 하지만 소박한 암자에서 너무 과한 공양을 하는 게 아닌가 하는 생각도 든다. 식사 후 준비해온 아메리카노까지 마시니 말 그대로 세상 부러울 게 없고 구름 위에 노니는 듯하다.

상운암에서 바라본 조망과 건너편 산에서 펼쳐지는 파노라마를 바라보고 있노라니 힘들게 올랐던 순간들이 모두 행복하게 느껴진다. 산에서 이렇게 행복을 느끼는 사람들은 신의 축복을 받은 사람일 것이라는 착각도 해본다.

미국 배우 잉그리드 버그만은 "나이 드는 것은 산을 오르는 것과 같다. 숨은 좀 가빠지지만, 경관은 훨씬 더 좋아진다."고 했다. 상운암 뜰에서 1시간 넘게 휴식을 취하면서 각자 마음껏 산을 즐긴다. 산을 즐기는 것에는 산을 잘 오르고 못 오르고 하는 것은 문제가 되지 않는다. 쉬었던 자리를 정리하고 관음전에 들러 노스님과 작별인사를 하니, 스님은 "이곳 상운암은 신라 화랑들이 와서 호연지기를 키우며 기(氣)를 받던 곳"이라며 좋은 기를 많이 받아가라고 한다.

일행은 천천히 운문산(일명 호거산, 虎踞山) 정상으로 향한다. 약 800m 정도 오르면 능선에 도착한다.

능선에서 우측으로 300m 더 오르니 1,188m 정상이다. 정상에서 개인 인증샷과 함께 단체기념 인생샷을 찍는다. 정상에 잠시 앉아 사방을 조망하며 과일 한 조각을 나눠 먹는다. 가지산, 천황산, 신불산, 간월산이 시야에 모두 들어온다.

일행은 운문산에서 다시 능선삼거리로 내려와 딱밭재 방면으로 걸음을 옮긴다. 산 능선을 따라 부지런히 1.8㎞를 걸어 딱밭재에 다다랐다. 안내표지판을 보니 딱밭재에서 석골사까지 2.6㎞가 남았다. 팻말을 보니 편안한 길 방향 표시가 나온다. 낙엽이 쌓인 길을 따라 가벼운 발걸음으로 한참을 걸어서 하산하니 출발지인 석골사다.

석골사 입구에 마련된 등산용 청소도구로 서로 먼지를 털어주며 산에서 보낸 시간을 짚어보니 7시간이 소요되었다.

계곡을 따라 물소리, 바람 소리를 들으며 걷는, 길지 않은 산행이었지만 즐길 것 다 즐기고, 누릴 것 다 누린 행복한 산행이라는 생각이 든다. 차에 올라 울주군 간월산온천에 들러 피로를 풀고, 누렁소 식당에서 언양불고기를 저녁으로 먹는다. 무사히 산행을 마친 산벗들과 작별인사를 나누고 귀가하니 늦은 밤이다.

산은 가족과 같이 편하다. 내가 머무는 자리에서 늘 바라볼 수 있는 편안함을 주는 존재이기 때문일 것이다. 갈수록 산이 아름다워지는 계절이다. 산벗들과 매주 산을 오르는 즐거움을 오래오래 누리고 싶다.

울진 백암산(白巖山)을 다녀와서
- 2023.03.06 -

산에 가면 이름없는 돌들
오랜 세월을 견디며 깎이고 깎여
둥그렇게 마음을 넓혀 그 산을 지키고 있다.

큰 나무가 작은 나무를 품어주고
큰 바위가 그 골을 지키고 있다.
칭얼칭얼 산새들 보챌 때마다
산은 제 가슴을 열어 품어주고 있다.

저들의 완장은 오지랖 넓은 품이다.

- 윤경숙 <완장> 중에서

주말마다 산을 찾다 보니 산에 대한 글이 나오면 나도 모르게 먼저 눈길이 간다. 윤경숙 시인의 시집을 읽다가 공감이 가는 글이어서 글의 첫머리에 옮겨본다.

3월 첫 주는 선배와 경북 울진군 온정면에 있는 백암산에 다녀왔다. 백암산행은 이번이 세 번째다. 오전 9시, 선배와 대이동에서 만나 늘 하던 대로 김밥을 사서 배낭에 챙겨 넣고 7번 국도를 따라 차를 달린다. 가는 도중에 영덕읍에서 커피 한 잔을 하기로 하고 카페 근처 파리바게뜨에 잠시 들러 샌드위치와 빵을 샀다. 커피를 마시며 아침 식사를 대신하기 위해서였다. 카페 고호는 동해안 방면으로 산행을 갈 때 가끔 들러 차를 마시는 단골 커피숍이다. 사장은 초벌 도자기에 그림을 그리는 작가로서 1층에는 카페를, 2층에는 작업을 하는 공간이다.

1년 가까이 보지 못해서 서로 궁금했던 안부를 나누며 빵과 샌드위치를 나눠 먹고 그간 작업해 놓은 도자기 작품들을 감상했다. 주말 오전, 손님도 없고 한가한 시간이어서 시간 가는 줄 모르고 수다를 떨다가 아쉬움을 뒤로하고 카페 주인장의 잘 다녀오라는 인사와 함께 길을 나섰다.

울진 백암산 온천지역에 도착, 한화리조트 주차장에 차를 세우고 시간을 보니 12시 20분이다. 백암산 산행길은 단순하다. 온정리 온천지역에서 출발해 정상을 거쳐 백암폭포 방향으로 내려오는 원점산행을 하거나 정상에서 갔던 길은 되돌아오는 왕복산행이다. 거리는 둘 다 약 10㎞로 비슷하고 총 4시간 30분쯤 걸린다. 산행 들머리는 조금씩 다르지만, 정상을 향해 오르다 보면 결국 모두 만나게 된다.

백암산은 정상의 바위가 희다고 해서 붙여진 이름이다. 산꾼들은 백암산을 겨울 산행지로 꼽는다. 눈길 산행과 함께 겨울 설경을 감상하고 더불어 온천욕으로 피로를 풀어낼 수 있어서다. 또 다른 이유는 새해 해돋이를 할 수 있어서다. 백암산에 올라 동해에 붉게 솟아오르는 일출을 보면 가슴이 벅차오르는 희열을 느낄 수 있다.

오늘 등산길은 가장 빨리 올랐다가 내려오는 가파른 코스다. 한화리조트 뒤 산불감시초소가 나오면서 본격적인 산길이 시작된다. 산행 시작부터 깊은 산 속에 들어선 느낌이다. 널찍한 길이 오솔길로 바뀌면서 미끈하게 뻗은 적송들이 나타나기 시작한다.

경사진 산을 조금 오르니 화강암 표석이 미터 단위로 세워져 있으면서 거리를 알려준다. 정상을 알리는 이정표가 군데군데 있어서 길 잃을 걱정은 없어 보인다.

구불구불 한 경사진 산길을 따라 한참을 오르다 보니 갈림길이 나온다. 백암폭포 가는 왼쪽 길로 가지 않고 우측방면으로 오른다. 바람 한 점 없이 포근한 날씨 때문에 벌써 땀이 흐르기 시작한다.

10여 분을 더 걸어 올라가니 천냥묘가 나온다. 여기서부터 흰바위갈림길까지는 20여 분이 소요되는데 경사가 매우 심하다. 급경사를 계속 치고 오르니 정상(1.2㎞), 한화콘도(3.6㎞), 온천장(4.1㎞)으로 나뉘는 갈림길인 주능선에 닿았다. 잠시 쉬면서 흐르는 땀을 닦으며 물 한 모금 마시고, 사과 한 조각씩 나눠 먹으며 숨을 고른다.

다시 능선을 따라 내려갔다가 주능선에 오르니 눈이 녹지 않고 그대로 있다. 경칩을 하루 앞둔 백암산 고지대는 여전히 한겨울이다. 능선에 가득 쌓인 눈을 배경으로 개인 인증샷을 남긴다. 꼬불꼬불한 99굽이길을 따라올라 협수곡으로 갈라지는 갈림길에서 건너편을 보니 백암산 정상이 보인다.

1km 정도 걸어서 도착한 정상은 콘크리트로 포장된 넓은 헬기장이다. 사방이 확 트인 정상 표지석에는 '백암산 정상 1,004m'라고 새겨져 있다.

주변 조망을 보니 막힌 데가 없다. 수많은 산봉우리가 산 아래 펼쳐져 있어 답답했던 가슴이 후련해진다. 울진, 영덕 등의 동해안 바다와 서쪽으로 펼쳐진 영양군 산림지대, 북으로 뻗은 태백산맥의 주능선이 고루고루 시야에 들어온다. 이날은 미세먼지가 나빠 아름다운 조망을 멀리까지 볼 수 없고, 눈부시게 펼쳐진 동해의 푸른 수평선을 볼 수 없다는 아쉬움이 남는다.

시간을 보니 오후 2시 20분. 계속되는 오름길을 따라 힘들게 정상까지 오는 데 2시간 정도 소요되었다. 정상에서 인생샷을 남기고 자리를 펴서 준비해온 김밥을 꺼내 먹는다. 날씨가 맑았으면 때 묻지 않은 자연풍경을 마음껏 즐길 수 있었을 테지만, 찬바람을 맞으며 먹는 점심도 꿀맛이다.

점심을 먹는데 손이 시리다. 기온 차이가 심해서다. 벗었던 옷을 꺼내 입고 자리를 정리한 후 하산을 시작한다. 정상에서 하산 코스는 두 갈래지만 미련없이 왔던 길을 되돌아 내려온다. 스틱으로 균형을 잡으며 쉬지 않고 한화리조트 주차장까지 내려오니 1시간 30분가량 걸렸다. 걷고, 점심 먹고, 잠시 쉬고, 사진 찍고 보낸 시간을 따져보니 모두 4시간 20분 정도가 소요되었다. 주차장에 세워둔 차로 근처 온천에서 목욕을 느긋하게 즐긴 후, 저녁 식사와 차 한잔까지 하니 하루의 피로가 다 풀린 것 같았다.

신라 때부터 알려진 백암온천은 수원지는 3곳이고 수온은 32~53℃라고 한다. 1979년 국민 관광지로 지정됨에 따라 종합온천장으로서 각종 시설을 갖추게 되었다.

백암온천은 국내 유일의 천연 라듐 유황 온천으로 라듐, 유황 외에도 나트륨과 불소, 염소, 칼슘 등 몸에 유익한 성분이 다량 함유돼 있어 피부병, 위장병, 당뇨, 관절염, 류머티즘 등에 효험이 있다고 한다.

세계에서 가장 높은 산은 에베레스트(8,843m)이다. 이 산을 최초로 정복한 사람은 뉴질랜드 등산가이자 탐험가인 에드먼드 힐러리다. 그도 단번에 에베레스트 정상에 오른 건 아니다. 수많은 시도와 실패를 거듭했지만 그때마다 설산을 향해 이렇게 말했다고 한다.

"산아 너는 자라지 못한다. 그러나 나는 계속 자라날 것이다. 내 기술도, 내 힘도, 내 경험도, 장비도 자라날 것이다. 나는 다시 돌아온다. 그리고 기어이 네 정상에 나는 설 것이다."

코로나 팬데믹 이후 등산객들이 늘어나고 걷는 사람들도 많아지고 있다. 너도나도 걷기운동이야말로 최고라고 말한다. 그러나 중요한 것은 실천이다. 에드먼드 힐러리가 포기하지 않고 계속 전진했듯이, 누구나 하고자 하는 일을 쉬지 않고 계속한다면 꾸준히 성장할 것이라고 본다.

주말 저녁, 7번 국도를 달리는 귀갓길에 차량이 많지 않았다. 차 속에서 갑자기 몸이 나른하다는 선배의 말을 들으면서, 문득 얼마나 빨리 산 정상을 찍고 내려왔느냐가 아닌 끝까지 동행했다는 사실이 고마웠다. "멀리 가려면 함께 가라. 스스로 빛나는 별은 없다"는 말을 떠올리며 호사로 보낸 하루에 감사한다.

겨울의 끝자락, 남산 금오봉을 오르다

- 2023.02.27 -

긴 겨울의 끝자락인 2월의 마지막 주말, 평소 가까이 지내는 선배 두 명과 경주 남산 역사문화 탐방로 산행을 즐겼다. 한 명은 게스트로 참석했고 한 명은 주말마다 같이 다니는 선배다.

겨울을 버텨낸 앙상한 나뭇가지의 새순에는 벌써 봄의 기운이 완연하게 느껴진다. 앞서 2월 첫 주 남산을 찾았을 때, 봄의 전령사 복수초가 이미 봄을 알려줬다.

오전 9시, 포항에서 출발해 동남산 자락에 자리 잡은 통일전을 지나 마을을 따라 계속 들어가면 만나게 되는 남산동 공용주차장에 차를 세운다. 근처에 있는 카페 늘스에 들러 따뜻한 커피 한 잔을 시켜놓고 통창을 통해 남산의 전경을 잠시 감상한다.

마음씨 좋은 총각 사장이 갓 볶아낸 구스한 커피를 마시고 동·서 삼층석탑이 있는 염불사지, 묘목농장을 따라 걸으며 대안당, 칠불암, 신선암으로 향한다. 이후 봉화대능선, 기영재, 용장사곡, 임도를 따라 금오봉(468m)에 올랐다가 팔각정터, 남산부석, 지암곡마애여래좌상, 지암곡 제3사지 삼층석탑, 지암곡 제2사지, 제1사지, 동남산 탐방지원센터, 공용주차장에 도착하는 것이 오늘의 코스다.

칠불암까지 오르는 코스는 편하다. 이 길을 오를 때면 늘 드는 생각이지만 정말 걷기 좋은 길이라는 느낌을 받는다. 좋은 길은 지루하지 않고 편안하게 걸을 수 있어야 한다. 일상에서 잠시 벗어나 이 길을 따라 천천히 걸으며 숨을 가다듬다 보면 보이지 않던 것들이 보이기도 한다.

우수를 하루 앞둔 지난 둘째 주 주말은 구룡포청소년수련원 뒷산에 봄 마중 놀이를 갔다. 일명 원데이 캠핑(One day camping)이다. 봄 마중 놀이라 이름을 붙였다고 해서 특별한 것은 아니고, 가까운 선후배가 모여 전망 좋은 편평한 산자락에 천막을 치고 천천히 흘러가는 구름을 보거나 고요한 산의 맑은 공기를 마시며, 구룡포 바다를 오랫동안 바라보며 편히 쉬는 것이다. 높은 산을 오르며 숨을 헐떡이고 심장이 요동치는 등산은 쉬고, 하루쯤 뒤로 물러나 고요함을 즐기며 멍하니 시간을 보냈다.

등산로 입구에서부터 솔숲길을 선배와 이야기를 나누며 계곡길을 따라 쉬엄쉬엄 오르니 칠불암 아래 있는 크게 편안한 집, 대안당(大安堂)이다. 주차장에서 1.7km의 거리다. 대안당 옆 계곡에는 약수터가 있다. 대안당 마루에 앉아 잠시 쉬면서 선배가 준비해온 영양 가득한 물을 한 잔씩 나눠 마신다.

날씨가 따뜻해서 칠불암을 오르는 신도들과 등산객들이 제법 많다. 일행은 인증샷을 남기고 일어나 돌계단을 올라 칠불암에 닿았다. 칠불암은 경주 남산에서 가장 큰 불상을 갖춘 사찰로서 신라 고승 원효(元曉)가 머물면서 대안(大安)의 가르침을 받았던 도량으로 전해진다. 칠불암이라는 이름은 절마당에 있는 바위에 아미타삼존불(阿彌陀三尊佛)을 비롯한 사방불(四方佛)이 조각돼 있기 때문이다. '경주남산칠불암마애불상군(慶州南山七佛庵磨崖佛像群)'이라는 이름으로 경주 남산의 유일한 국보다.

칠불암불상군은 토함산 석굴암을 향해 있고 석굴암은 문무대왕릉을 향해 있다. 경주의 불상들은 대체로 하 뜨는 곳을 향해 있다. 등산객들이 부처님 앞에 엎드려 큰절을 올린다. 칠불암 불상군터는 오랫동안 숲에 가려져 있다가 일제 강점기 들어서 지역민들이 찾아낸 것이라고 한다.

칠불암에 올 때면 체코에서 온 비구니 승 휴정스님이 늘 웃으며 맞아줬다. 오늘은 다른 비구니 스님이 낭랑하게 염불을 하고 계신다. 칠불암에는 앉을 자리를 많이 준비해 놓아 편히 쉬었다 갈 수 있다.

칠불암 우측 대숲을 지나 다소 가파른 계단을 200m 정도 오르면 신선암 마애보살반가상이 나온다. 얼굴은 풍만하고 두 눈을 지그시 감은, 깊은 생각에 잠긴 모습으로 구름 위의 세계에서 중생을 살

펴보고 있는 듯하다. 오른손에는 꽃을 잡고 있으며, 왼손은 가슴까지 들어 올려서 설법하는 모양을 표현하고 있다.

큰 바위에 올라 시원스럽게 펼쳐진 산야를 배경으로 사진을 찍고 아래를 내려다보니 가슴이 확 트인다. 조금 걷다가 봉화대능선 입구에서 1.8km의 거리에 있는 이영재로 발길을 옮긴다. 이영재에 도착 후 계속 걷다 보니 용장사곡, 임도가 나온다. 삼화령, 비파골의 전설, 남산과 망산의 유래 안내판을 보며 임도를 따라 부지런히 가다가 비스듬한 산길을 오르니 금오봉(468m)이다. 금오봉은 매월당 김시습의 일화를 간직하고 있는 곳이다. 선배들과 인증샷도 남긴다.

금오봉에서 도로를 따라 내려오다가 헬기장을 지나 우측 작은 산봉우리, 지암골 팔각정터 방향으로 들어선다. 입구 산꼭대기 암반에는 '남산관광일주도로준공비'가 우뚝 서 있다. 드디어 팔각정터에 도착한다. 팔각정이 있던 자리에는 여덟 개의 돌기둥 흔적만 남아있다.

시간을 보니 오후 2시가 지났다. 따스한 볕이 드는 곳에 자리를 깔고 배낭에 든 도시락과 먹을 것을 꺼내 늦은 점심을 먹는다.

걷기 처방을 하는 김종우 한의사는 "걷고 보고 먹는 것이 곧 삶이다"고 했다. 살면서 중요한 것은 쉬어감일 것이다. 전망 좋은 곳에서 대화를 나누며 먹는 오찬은 부족함이 없다. 게다가 선배의 낭만

적인 노래 한 자락과 후식까지 곁들이니 모든 게 넉넉하다. 근처 나무 위에 앉은 까마귀 몇 마리는 먹을 것을 달라고 말을 건넨다. 선배는 까마귀들에게 먹을 것은 푸짐하게 나눠준다.

산정에는 추위라고는 찾아볼 수 없고 땅을 뚫고 고개를 내미는 새싹에서 봄의 기운이 느껴진다. 팻말을 보니 통일전 주차장까지는 2.55㎞, 지암곡 제3사지 삼층석탑까지는 0.45㎞다. 편안하게 쉬다가 하산을 하기로 한다.

하산할 때는 올라갈 때보다 더 천천히 걷고, 보폭을 줄이면서 스틱으로 무릎의 하중을 줄이며 걸어야 한다. 선배가 앞서고 그 뒤를 따라 가파른 길을 조심해서 내려가다 고개를 들어 위쪽을 보니 남산부석(南山浮石)이다. 남산부석은 큰 바위 위에 부처님 머리처럼 생긴 바위가 얹혀 있어 마치 커다란 좌불처럼 보이는 바위이다. 바위가 허공에 떠 있는 것처럼 보인다 하여 부석이라 부르고 있으며, 버선을 거꾸로 세워놓은 모양과 같아서 버선바위라고도 부른다. 이 바위는 경주 팔괴 중 하나로 생김새가 괴상해 많은 사람이 신앙하고 있다.

남산부석을 배경으로 사진을 남기고 하산하다 보니 암벽에 지암곡마애여래좌상, 마애여래보살상이 새겨져 있고, 지암곡 제3사지 삼층석탑, 지암곡 제2사지, 제1사지 삼층석탑이 차례로 나온다.

지암곡 삼층석탑은 경주 남산의 사자봉에서 동남쪽으로 뻗어

내린 해발 310m의 완만한 능선 사면(斜面)에 있다. 이 석탑은 무너져서 1층의 탑신(塔身) 받침을 제외한 나머지 탑재가 능선과 계곡에 흩어져 있었는데, 국립경주문화재연구소가 2000년에 발굴 조사하고, 2003년 1월에 지금의 모습으로 복원했다고 한다.

    삼층석탑을 배경으로 기념사진을 남기고 지암곡으로 곧장 내려오니 동남산 화장실에 이어 탐방지원센터다. 탐방센터에서 남산동 공용주차장에 도착하니 5시 가까이 되었다.
    이날 산행은 남산 솔숲길을 천천히 걸으며 일상 속에서 당연하게 여겼던 소중한 것들에 대한 사랑과 감사로 보낸 일정이었다. 인생의 쉼표는 걷기라는 말이 실감나는 하루다. 내일을 위한 풍성한 에너지가 가득 충전되었음을 느끼며 이른 귀가를 서두른다.

대둔산, 뭉게구름 아래 산그리메가 아름다운
- 2023.02.08 -

　지난 주말, 산벗 3명은 전북 완주와 충남 논산과 금산에 걸쳐 위치한 대둔산을 다녀왔다. 20대 가을, 대둔산에 온 적이 있는데 케이블카를 타지 않고 암산을 오르며 힘들었던 기억밖에 나지 않는다.
　아침 7시에 만나 김밥을 준비해서 7시 20분쯤 포항을 벗어난다. 날씨는 맑고 포근하다. 마침 이날은 봄이 시작된다는 입춘이다. 일행을 태운 차는 경북과 대구를 지나 추풍령 휴게소에서 잠시 멈춰 호두과자와 음료수를 사 먹으며 쉬었다가 간다. 이윽고 대전을 지나 논산과 계룡 중간지점인 모천 교차로에서 우회전해서 논산 양촌면으로 진입한다.
　오전 10시 20분경 황산벌로를 따라가는데 길가에 커피 체험농원과 드립커피 전문점이라는 상호가 눈에 띄었다. 산벗 일행은 달리던 차를 돌려 이곳에서 커피도 한잔 하고 등산로도 물어볼 겸 카페로 들어갔다.

　카페에는 여주인 혼자서 일을 하고 있었다. 커피 체험농장과 붙은 2층에 흑백벽돌로 지어진 카페의 상호를 보니 '강순후 커피농장'이라고 적혀있다. 여주인은 이곳에서 커피 묘목 분양과 다양한 커피 체험을 운영한다고 했다. 주방에 진열된 일반 커피류와 유리 진열대

속에 있는 병에 담긴 커피 제품들, 통나무 탁자와 의자, 싱싱한 커피나무에 달린 초록 열매는 실내 분위기를 한층 환하게 했다. 주인이 직접 키운 커피 열매로 블렌딩한 커피를 음미하는데, 열매껍질로 만든 붉은 빛이 나는 카스카라(cascara)와 완주의 특산품 흑곶감도 맛보라고 내놓았다.

낯선 곳에서 특별한 고민 없이 커피를 마시면서 느긋함을 즐길 수 있는 것도 시간의 여유가 주는 행복이다. 카페에 앉아 잠깐 커피를 즐기는 것이 어떤 사람에게는 선망을 넘어 꿈일 수도 있다. 아프지 않고 어제처럼 별일 없이 맞을 수 있는 오늘 이 시간이 때로는 가장 큰 축복이라는 생각이 든다. 커피농장 여주인과 짧은 대화를 끝내고 인근에 있는 안심사로 향한다.

안심사 일주문을 지나 주차장에 도착하니 오전 11시 20분이다. 안심사(安心寺)는 전라북도 완주군에 있는 사찰로, 638년(선덕여왕 7년)에 자장율사가 세웠다고 알려져 있다.

절 구경은 하산해서 하기로 하고 주차장 좌측 팻말을 따라 지장암, 약사암 방향으로 오르기 시작했다. 안심사, 금오봉, 서각봉, 대둔산(마천대) 찍고 원점 회귀하는 코스다. 비스듬한 산길을 천천히 걸어가다 보니 쌍바위와 지장암 전설이 안내판에 설명되어 있다. 하지만 글자의 색깔이 벗겨져 읽기가 힘들다.

산죽(조릿대)지대를 지나 휀스를 잡고 비탈길을 계속 올라가니 큰 돌무더기가 쌓여있고 지장폭포에 얽힌 전설이 안내판에 적혀 있다. 그런데 지장폭포는 없고 커다란 바위만 서 있다. 산비탈을 묵묵히 오르다 보니 어느덧 해발 690m다. 군데군데 잔설이 녹지 않고 그대로 있어 미끄럽다. 지금부터는 가파른 급경사다. 날씨가 포근해서 그런지 비탈을 계속 치고 올라가니 땀이 이마를 타고 스멀스멀 흘러내린다. 스틱에 힘을 줘서 한 발 한 발 걷는다. 숨은 차지만 고개를 들어보니 암봉의 위용이 대단하다. 안심사에서 대둔산 정상으로 가는 등산로는 거의 사람이 다니지 않는 곳 같았다. 길도 찾기가 어렵고 사람이 다닌 흔적이 거의 없는 험한 비탈길이다. 이 코스는 암릉과 급경사로 길이 다듬어지지 않아 오르기가 몹시 까다롭다. 수락계곡에서 오르는 삼거리에 도착해 팻말을 보니 안심사에서 2.3㎞ 올라왔다. 해발 830m, 마천대 정상까지 1.15㎞ 남았다.

    능선에 올라서서 주위를 둘러보니 산세가 장난이 아니다. 산이 첩첩이 겹쳐지는 산그리메는 지리산과 덕유산에 견줄만하다. 암릉을 조심조심 넘어서 건너편을 보니 대둔산 정상이 가까이에 있다. 평평하고 넓은 바위에 자리를 잡고 앉아 정면에 늘어선 기암괴석들과 산세를 보며 점심을 먹고 가기로 했다. 김밥과 숭늉, 과일을 꺼내 놓고 맛있게 점심을 먹고 인증샷도 찍는다.
    점심을 먹으며 30여 분을 쉬고 정상을 향해 출발한다. 조금 걸으니 안심사에서 3.4㎞다. 암봉을 내려가다가 다시 조금 더 올라가니 평상이 놓여있고 눈앞에 보이는 계단이 나온다. 계단을 오르니 드디어 개척탑이 세워진 마천대(摩天臺), 대둔산(878m)이다. 아래를 보니 케이블카가 마천대를 향해 올라오고 있다. 뭉게구름 위로 밝은 햇살이 쏟아지고 역광 속에서 산그리메가 물결친다.

　지리산과 덕유산처럼 큰 산은 아니지만, 산이 첩첩이 펼쳐지는 모습이 장관이다. 정상에서 몇 장의 개인 인생샷을 찍고 단체 사진도 찍는다. 정상에서 바라본 대둔산의 경관은 정말 뛰어나다. 푸른 하늘에 듬성듬성 떠 있는 흰 구름, 그 아래에 겹겹이 솟아있는 암봉, 푸른 하늘을 배경으로 희붉은 바위에 자라는 작은 소나무들은 가히 경이로울 뿐이다.
　일행은 출발지인 안심사로 하산을 서두른다. 올라올 때의 시간을 생각하면 갈 길이 바쁘다. 부지런히 왔던 길을 되짚어가다가 아뿔싸, 조릿대 숲길에서 길을 잃고 계곡으로 빠졌다. 길을 찾지 못하고 1시간여를 헤매다가 시간이 너무 지체되어 버렸다. 안심사 코스로 가기에는 시간상 어렵고, 가파른 비탈길을 어둠 속에 내려가기는 위험이 따를 것 같아 일단 마천대(정상)로 다시 방향을 잡았다.

　대한민국을 대표하는 엄홍길 산악인은 그가 쓴 책에서 "내가 산에서 배운 것은 기다릴 줄 아는 지혜와 포기할 줄 아는 용기다"라고 했다. 의욕이 앞서 일행이 안심사 방향으로 내려갔을 경우 어두운 산에서 길을 잃고 가파른 비탈길에서 큰 사고가 날 수도 있다. 상황이 좋지 않음에도 무턱대고 밀고 나가다가는 자칫 위험할 수도 있기에 포기한다. 가장 중요한 산은 에베레스트가 아닌 하산(下山)이라는 말도 있으니까.

　산행과 인생은 준비한 계획대로 되지 않는다. 늘 변수가 따른다. 정해진 답이 없다. 산벗 일행은 케이블카 주차장에서 케이블카를 타고 가거나 아니면 걸어서 대둔산 도립공원 주차장으로 가기로 했다. 정상에서 150m 정도 내려오니 상부 케이블카 주차장이 500m 남았다. 주차장에 도착하니 케이블카는 이미 운행이 끊겼고 금강구름다리(금강현수교)까지는 500m 남았다. 주차장은 4.2㎞ 남은 거리다. 이제는 걸어서 내려갈 수밖에 없다.
　가파른 돌계단을 쉬지 않고 내려가니 약수정 휴게소가 나온다. 주인장을 불렀으나 대답이 없다. 약수정 휴게소에서 250m 정도 내려가면 삼선계단이다. 삼선계단 아래 철계단을 올라 흔들거리는 금강구름다리 위에서 수직으로 오르는 삼선계간을 배경으로 각자 인증샷과 단체 사진을 남긴다. 대둔산의 명소로 불리는 금강구름다리는 1985년 길이 50m, 높이 81m, 폭 1.2m로 세워졌으며, 삼선계단으로 가는 중간에 있다. 구름다리를 빠져나와 돌계단을 따라서 빠르게 내려간다.

　동심정 휴게소를 지나 아래를 내려다보니 까마득하다. 돌계단이 미끄러워 다칠 우려가 있어 조심해서 내려온다. 머리와 얼굴에 땀이 흐른다. 열심히 내려오니 정자가 나오고 그 앞에 동심바위가 있다. 신라 문무왕 때 국사 원효대사는 이 바위를 보고 발길이 떨어지지 않아 3일을 바위 아래서 지냈다고 한다.

동심바위를 지나니 등산로 입구 120m의 팻말이 보인다. 조금 더 내려오니 동학농민혁명 대둔산 항쟁전적비가 나온다. 그 앞에서 기념사진을 남기고, 등산로를 벗어나니 대둔산 힐링센터다. 힐링센터 돌비석에는 "모든 소원이 이루어지는 금두꺼비 돌할머니의 집"이라고 새겨져 있다,

하대 케이블카 주차장에 도착하니 저녁 6시 30분이었다. 정상에서 하산한 시간을 보니 1시간 가까이 되었다. 오전부터 산에서 보낸 시간을 생각해보니 7시간 이상이 소요되었다.

오를 때보다 하산 길은 아무래도 여유로웠다. 즐겁게 산에 올라서 받은 덤 때문이다. 내려가다 보면 언젠간 길이 끝날 것을 알기에 오를 때보다 힘이 덜 든다. 택시를 불러서 출발지인 안심사 주차장으로 가려고 했으나 택시는 없었고, 막차 시내버스도 이미 끊겼다. 날은 어둡고 교통편은 없고 해서 순간 일행은 당황스러웠다.

그때 주차장 인근에서 곶감을 판매하고 있는 사장이 자리를 비웠다가 가게로 오고 있었다. 안심사로 가는 방법을 물었더니 친절하게도 자가용으로 20~30분 정도 걸리는데 그냥 태워주겠다고 했다. 우리는 고마운 마음에 완주의 특산물인 흑곶감 3봉지를 사고, 선배는 선물할 데가 있다면서 비싼 흑곶감 1통을 더 구입했다. 친절한 사장님 덕분에 안심사 주차장까지 무사히 올 수 있었다. 모두 감사 인사를 하고 전화번호도 주고받았다.

하산길에 안심사를 보고 가겠다던 생각은 사라지고, 곧바로 차는 논산 양촌면 식당으로 향했다. 자칫하다가 저녁도 놓칠 수 있어서다. 산에서 저녁 시간에 내려오는 바람에 문 연 식당이 없어 고생한 기억이 한두 번이 아니었다. 도로변에 있는 고향칼국수 식당에 들러 얼큰칼국수와 만두를 시켜 먹었다. 배가 고파서 그런지 꿀맛이었다. 얼큰칼국수는 매콤해서 중독성이 있었다.

가던 길을 되돌아오면서 늦은 시간 와촌휴게소에 들러 음료수 한 병씩 마시고 포항에 도착하니 밤 10시다. 일행들과 헤어져 귀가하니 밤 10시 30분이었다.

대둔산은 예로부터 '호남의 금강산'이라 불렸고, 제1경은 암봉들과 어울린 오색단풍을 꼽는다. 늦가을 풍경이 환상적이라고 한다. 대둔산의 길은 거칠지만 산 중턱까지 케이블카가 놓여 남녀노소 쉽게 찾을 수 있는 곳이다. 사람들이 가장 많이 찾는 코스는 대둔산 케이블카 입구 하대 매표소에서 케이블카를 타고 올라가서 마천대(정상)을 거쳐 칠성봉, 칠성봉 전망대, 장군봉, 상대 매표소에서 케이블카를 타고 내려오는 것이라고 한다.

코로나팬데믹 이후 산을 찾는 사람이 많아졌다. 등산 장비도 몇 년 전에 비해 좋아졌으며 등산복장도 다양해졌다. 전문산악인이 아닌 이상 산을 찾는 사람은 대부분 개인의 취미나 건강을 위해서일 것이다. 선배는 힘든 산을 오를 때나 전망이 뛰어난 곳에서는 너무 감사해서 눈물이 난다고 말한다. 자신의 두 발로 걸어서 높은 산을 오를 수 있다는 것은 정말 감사할 일이다. 스스로 감격할 수밖에 없다.

등산은 집을 떠났다가 다시 집으로 돌아올 때 비로소 끝난다. 7여 년 동안 산을 오르면서 아무 기록도 남기지 않고 다녔다. 그러다가 문득 생각 없이 세월을 보낸 것은 아닌가 싶어서 산행기록을 남기기로 했다. 각자의 체험은 자신의 것이고 언제나 소중하다. 감정이 메마르고 사색이 빈곤한 삶은 생각만 해도 삭막하다. 하루를 되돌아보면서 지난주 한 지역신문에 능인스님이 쓴 종교칼럼을 떠올려본다.

"지금 일어나는 일을 잘 기록하는 것, 기록된 경험을 잘 보존하는 것, 그리고 기록을 통해 잘 재현하는 것, 이것이 역사입니다."

오늘도 대둔산행에 대한 기록을 남기면서 나 자신을 가만히 들여다보는 시간을 가져본다.

남산 용장곡에서 하루를 보내다
- 2023.02.14 -

지난 주말은 근교산행을 했다. 오전 9시, 이동에 모인 산벗 일행은 가까운 경주 남산으로 목적지를 정했다. 일행 3명 중 후배 1명은 게스트로 참석했다. 경주 남산에 가는 날이면 김밥을 따로 준비하지 않아도 된다. 열반재 아래 청룡사지 절터 옆에 단골식당인 '녹원정사'가 있기 때문이다.

차는 용장곡으로 향한다. 10시에 용장사곡 입구 찻집 '달작'에 도착했다. 찻집 뜰에 차를 주차하고 들어가서 원기를 회복시켜 건강한 몸을 만들어준다는 달작차의 맛을 천천히 음미한다.

카페 달작은 사장이 약선차를 팔면서 약차 만드는 법을 직접 가르치기도 하는 곳이다. 메뉴를 보니 달작차 외에도 대감차(몸과 마음을 편안하게), 유자쌍화차(피로회복은 면역력 강화로부터), 청폐차(기관지와 폐를 튼튼하게), 오매차(노폐물 배출은 해독으로부터), 달콩차(튼튼한 콩팥을 위하여), 명안차(맑고 건강한 눈을 위하여), 온기차(온몸을 따뜻하게), 위편차(편안한 속을 위하여), 쾌비차(코와 기관지를 시원하게), 장생차(심혈관을 깨끗하고 튼튼하게)와 핸드드립 커피도 있었다.

차에 대해 몇 가지 궁금한 것을 물어본 뒤 찻집을 나와 공원지킴터를 지나 천천히 산을 오른다. 시간을 보니 10시 40분. 입구 팻말은 금오봉까지 3.1km라고 알려준다.

 산행은 용장공원지킴터에서 출렁다리를 통과한 후 용장곡을 따라 설잠교, 석조여래좌상과 마애여래좌상, 용장사곡 삼층석탑, 삼륜곡 연화대좌, 금오봉으로 가는 임도에서 설잠교까지 되돌아와서 우측 이영재 방향으로 올라 산정호수, 고위봉, 열반재, 녹원정사에서 점심을 먹고 열반재, 용장곡, 관음사, 천우사, 달작주차장으로 원점 회귀하는 코스다.

 용장곡은 남산의 50여 개 골짜기 중 한 곳으로 신라 시대에 용장사(茸長寺)라는 절이 있어서 그렇게 불렀다고 한다. 계곡의 길이가 약 3km로 남산에서 가장 크고 깊은 골짜기다. 용장곡에는 약 22개소의 절터가 확인되고 있지만, 용장사를 제외하고 이름을 알 수 없다.

 이곳에는 생육신의 한 분인 매월당 김시습이 머물면서 우리나라 최초의 한문소설 《금오신화》를 지은 곳으로 유서가 깊은 곳이다. 김시습의 자는 열경(悅卿), 호는 매월당(梅月堂), 동봉(東峯), 법호는 설잠(雪岑), 관향은 강릉이다.

 매월당이 21세 때인 1455년, 수양대군이 단종을 폐위하자 읽던 책을 모두 불태우고 방랑길에 올랐는데, 29세 때 용장에 들어와 7년간 은적암에 머물면서 《금오신화》를 집필한 다음 충남 부여 무량사에서 후학을 지도하다가 1493년 59세의 나이로 세상을 떠났다고 전해진다.

경주 남산은 신라 시대 신앙의 대상이 되었던 산으로 노천박물관이라고 불릴 정도로 문화재가 산재해 있다. 전날 밤에 봄비가 내려서 인지 계곡에 제법 물이 흘러내린다. 맑은 물소리를 들으면서 계곡을 따라 걸으니 기분이 좋아진다. 계곡 군데군데에는 아직도 얼음이 꽁꽁 얼어있다. 설잠교를 지나면 우거진 숲 사이로 조금은 가파른 오르막길이다.

용장사는 통일신라 시대 대현스님이 법상종을 개창했던 사찰이 있는데 절터에 '용장사'라고 적힌 기와가 발견되어 이름을 알았다고 한다. 대숲을 지나 계속 걷다 보면 용장사터가 있다. 절터에 서면 고위봉이 가까이 보인다. 산 전체를 보려면 오히려 산에서 벗어나야 하듯이 인생에서도 가끔 뒤로 한 발자국 물러서서 바라봐야 할 때가 있다.

가파른 계단을 오르니 용장사곡 석조여래좌상(보물 187호)이 나온다. 삼륜대좌 위에 모셔진 특이한 구조로 머리 부분이 훼손되고 없지만, 왼쪽 어깨 위에 부처의 옷인 가사와 옷을 고정하는 끈과 매듭이 새겨져 있다. 옷자락은 무릎 아래로 흘러 대좌를 덮고 있다. 손 모양은 일반적인 손 위치와는 반대로 왼손을 손바닥 아래로 향해 왼 무릎 위에, 오른손은 손바닥을 위로 향하게 다리 위에 두었다. 대좌는 자연암반 위에 원반 모양의 돌을 층층이 쌓아 올린 형태로 우리나라에서는 보기 드물다고 한다.

석조여래좌상 뒤 자연암벽에는 마애여래좌상(보물 제913호)이 조각되어 있다. 눈, 코, 입이 뚜렷하게 새겨진 얼굴에는 온화한 미소를 띠고 있다. 이 마애여래좌상은 977년 또는 1022년에 만들어진 것으로 추정하고 있다. 불상을 뒤로하고 개인과 단체 사진을 찍고 주변을 감상한 후 계속 산을 오른다.

암벽 사이로 난 좁은 계단을 따라 오르니 용장사곡 삼층석탑(보물 186호)이다. 자연암반을 다듬어 몸돌을 올린 형태로 산 전체에 세울 자리를 마련하고, 1층으로 된 바닥돌 위에 3층의 몸돌을 올렸다. 무너져 절터 아래쪽 계곡에 흩어져 있던 돌을 모아 1922년에 복원했다고 한다. 삼층석탑을 용장곡 아래서 올려다보면 하늘 끝에 닿아 있는 것처럼 보이는데, 우리나라에서 가장 높은 석탑이 아닐까 싶다.

산벗들은 푸른 봄 하늘과 건너편 산을 배경으로 인증샷을 찍고 여러 위치에서 삼층석탑을 사진으로 남긴다. 안내 팻말을 보니 삼층석탑에서 금오봉까지 0.9㎞다. 팻말 옆에 선 소나무가 신라 천 년의 정기를 받아서 기상이 넘친다.

삼층석탑을 벗어나 능선에 오르니, 절단된 화강암들이 여기저기 눈에 띈다. 소나무가 양쪽으로 우거진 산등성이를 따라 계속 걸으니 남산을 가로 지르는 임도가 나온다. 임도에 세워진 '비파골의 전설' 안내판을 읽어본다. 금오봉은 평소에 너무 자주 가던 곳이라 가지 않고 올랐던 곳으로 되돌아 내려온다.

설잠교까지 내려와서 우측 이영재 방향으로 오르막길을 1시간 이상 걸어서 산정호수에 다다랐다. 백운재 아래에 있는 저수지인 산정호수에는 물이 가득 차 있었다.

이윽고 백운재에 도착했다. 게스트로 참여한 후배가 잠시 쉬었다 가자는 말에 선배는 고위봉이 코앞이라면서 걸음을 계속했다. 부지런히 15분쯤 걷다 보니 곧 고위봉이다. 산불초소를 지나 쉬지 않고 30여 분 걸어 내려오니 열반재 능선이다.

열반재에서 천룡사지터가 자리 잡은 '녹원정사'로 향하는 길은 아름드리 소나무로 빽빽한 힐링코스다. 눈이 맑아지고 막혔던 코와 귀가 뻥 뚫리는 느낌을 받는다. 좋은 길은 천천히 걸어야 힐링이 된다. 시간을 보니 오후 2시 30분. 맛있는 비빔밥 정식과 손두부를 시켜먹고 따뜻한 숭늉 한 사발을 들이키니 땀 흘리며 걸었던 시간이 행복하게 느껴진다.

등산을 하면서 가끔씩은 "빨리 간다고 해서 더 잘 보는 것은 아니다. 진정으로 귀중한 것은 생각하고 보는 것이지 속도가 아니다.

사람의 기쁨은 결코 가는 데에 있는 것이 아니라 존재하는 데 있기 때문이다"고 말한 존 러스킨의 말이 떠오른다.

녹원정사 마루에 앉아 따스한 봄 햇살을 맞으며 과일 한 조각과 물 한 잔을 마시는 잠깐의 휴식은 느껴본 사람만이 안다. 자리에서 일어나 사장과 인사를 나누고 나오다 식당 뒤뜰에 핀 봄의 전령사 '복수초'를 감상한다. 봄은 남산 자락에 이미 와 있었다.

일행은 열반재를 지나 용장곡으로 내려온다. 관음사, 천우사를 거쳐 찻집 달작에 도착하니 오후 4시 30분. 언제부턴가 산을 오르면서 머무르고 싶은 곳에서는 조금 더 머무르면서 천천히 느끼고 즐기는 여유가 생겼다. 이런 여유는 훗날 추억의 서랍에서 수시로 꺼내 볼 수 있는 소중한 자산이 될 것이다.

오래도록 산을 오르기 위해서 나이가 들어도 몸의 시간은 젊어지도록 건강을 관리해야겠다는 생각을 한다. 신께서 내려준 하루라는 선물에 감사함을 느끼며 산행을 마무리한다.

덕유산 향적봉, 내 마음을 사로잡다

- 2023.01.30 -

금요일 저녁 잠자리에 들 때면 늘 마음이 설렌다. 주말이면 산에 간다는 생각 때문이다.

이른 아침에 일어나 산행준비물을 챙긴 후 계란프라이 2개와 과일 한 조각, 토마토 주스 한 잔으로 간단하게 조식을 하고 늘 만나던 장소에서 산벗 일행을 6시 50분에 만났다. 영하의 한파라 몹시 쌀쌀하다. 늘 가던 곳에 가서 꼬마김밥을 사고, 7시에 포항을 벗어난다.

사전에 산행 목적지가 정해져 있지 않았기에 차를 타고 가면서 눈꽃산행을 할 수 있는 소백산 또는 덕유산으로 갈지를 정해야 했다. 운전하는 후배의 결정에 따라 덕유산을 오르기로 했다.

필자는 2020년 12월, 덕유산 향적봉을 한 차례 오른 적이 있지만, 후배는 그날 같이 오르지 못했기 때문이다. 차를 달리다가 논공 휴게소에 잠시 들러 커피 한 잔과 호두과자 1봉지를 사서 차 안에서 나눠 먹었다. 달리는 차에서 산행대장인 선배는 덕유산 지도를 펼쳐 놓고 산행코스를 설명해 준다.

2시간 이상을 달려 10시에 덕유산국립공원 주차장에 도착했다. 차를 세운 뒤 등산화를 고쳐 신고 핫팩 비닐을 따서 호주머니에 넣었다. 겨울 산행에서 체온을 유지하기 위해서 핫팩은 필수다.

오늘 산행은 주차장, 구천탐방지원센터, 구천동어사길, 백련사, 향적봉(덕유산 정상), 향적봉대피소, 중봉, 오수자굴, 백련사 입구, 구천동 계곡을 따라 내려와 주차장으로 복귀하는 코스다.

주차장에서 백련사까지 가는 길은 특별히 어려운 길은 없이 완만하다. 일행이 '구천동어사길'을 따라 2㎞ 정도 걷다 보니 우측에 인월암으로 향하는 팻말이 보였다. 구천동 탐방지원센터를 지나 백련사까지는 6㎞ 남짓한 호젓한 산책길이다.

찻길과 숲길, 계곡길을 넘나들며 백련사까지 가는 동안 구천동 계곡의 아름다운 풍경을 볼 수 있었다. 계곡은 여름에 봐야 제대로지만 한적한 겨울에 보는 운치도 좋았다.

앞서거니 뒤서거니 등산객들의 무리에 섞여 걷다 보니 어느새 백련사다. 백련사는 신라 흥덕왕 5년(830년) 무염국사가 창건한 고찰이라고 한다. 대웅전 뒤편을 지나 삼성각 아랫길은 향적봉으로 향하는 본격적인 등산로다. 백련사 삼성각 마루에 앉아 바나나와 홍삼을 마시고 체력을 비축한다.

건너편 산을 보니, 푸른 산, 검푸른 산, 옅은 산, 뿌연 산이 중첩되어 그야말로 산 위에 산, 또 산 위에 산이 중첩되어 아름다운 설경을 보여준다. 한 폭의 겨울 산수화를 직접 그리는 화공의 기분이 이보다 더할까 싶다. 아래로 눈을 돌리니 백설이 백련사 대웅전과 요사채 지붕과 마당을 가득히 덮어 신비로움을 더한다.

쉼을 멈추고 본격적으로 덕유산의 품으로 뛰어든다. 눈 쌓인 가파른 능선길을 따라 부지런히 걷는다. 이정표는 없지만 길은 하나로 되어 있어 능선을 따라 꾸준히 가기만 하면 된다. 오늘따라 눈꽃산행을 즐기러 온 산꾼들이 너무 많아 앞사람의 등만 쳐다보며 한 발 한 발 걸음을 딛는다.

세찬 바람이 불면서 눈이 사방에서 흩날리기 시작한다. 정상에 가까이 다가갈수록 눈은 많이 내리고 바람은 거세다. 산을 오를수록 눈밭이 장관이다. 걷는 중간중간에 푸른 하늘과 설화를 배경으로 선배는 휴대폰 사진을 찍는다. 기막힌 설경에 도취되어 추위를 잠시 잊기도 했지만, 손이 시리고 볼과 입술이 얼었다. 그나마 챙겨간 핫팩 덕을 톡톡히 봤다.

정상에 오를 때까지 계속해서 눈이 내리다 보니 주변을 조망하기가 어려웠다. 특히 높이가 가늠이 안 되어 답답하게 느껴지기도 했다. 앞서 오르던 일행은 흩날리는 눈발을 보고 "완전히 흥남부두네, 흥남부두야" 라고 말한다. 오르기가 벅찬 산꾼들이 군데군데 길가에 비스듬히 서서 숨을 고르는 모습도 보인다.

데크 계단이 나오는 걸 보니 정상에 거의 다 온 것 같다. 눈옷을 입은 철쭉군락과 주목, 구상나무숲의 눈꽃을 보고 산꾼들은 모두 탄성을 지른다. 활짝 핀 눈꽃에 황홀함을 느낀다. 산벗이 이 광경을 놓칠 리가 없다. 각자의 가슴과 휴대폰에 모두 담는다.

조금 더 오르니 너른 평지에다 주변 조망이 뛰어난 덕유산 정상 향적봉(1,614m)이다. 향적봉이 완전히 내 마음을 사로잡는다.

정상석 옆에서 인증샷을 찍고 싶었지만 많은 사람이 길게 줄을 서서 포기하고, 정상석을 배경으로 조금 떨어져서 개인 사진을 찍고 단체 인증샷을 남긴다. 사방에서 불어오는 칼바람과 눈발 때문에 정상에서는 점심을 먹을 수 없어 향적봉 대피소로 걸음을 옮긴다.

대피소 주변도 절경이다. 곳곳에서 카메라 셔터를 누르는 산꾼들의 모습을 보면서 나도 덩달아 즐거워진다. 향적봉 대피소 마당에 퍼진 라면 냄새가 코로 흘러들어 온다. 경치가 좋은 곳을 찾아 먹는 특별한 점심은 '이보다 더 좋을 수 없다'는 말을 떠올리게 하지만, 세찬 겨울바람 때문에 점심은 포기했다. '덕유산도 식후경'이 불필요한 말이 되었다. 대피소에 사람이 너무 많아서 자리를 잡고 밥을 먹을 기분이 아니었다.

겨울산의 백미는 뽀드득뽀드득 눈 밟는 소리, 눈꽃이 가득 핀 설경, 해발 1,000m 이상에서 극한의 추위를 견뎌내야 핀다는 서리 꽃 등이다. 이 모두는 자연이 만들어낸 예술작품이다.

커피 한 잔으로 아쉬움을 달래고 일행은 중봉을 거쳐 바로 하산 하기로 했다. 중봉을 지나다 보면 나무에 엉겨 붙은 새하얀 보석이 발길을 멈추게 한다. 중봉에 서면 사방이 확 트인 덕유평전이다. 눈 꽃이 핀 그 길을 걸으면 하늘을 걷는 기분이다. 중봉에서 향적봉을 바라보니 경이롭기까지 하다.

가파른 절벽 길을 조심조심 내려오다 보니 오수자굴에 다다랐 다. 산도 인생도 내려가는 것이 더 중요하다. 자칫하면 헛디딜 수 있 기 때문이다. 오수자굴을 보니 사람의 눈을 닮은 것 같기도 하고 입 술을 닮은 것 같기도 했다. 커다란 바위에 어찌 이런 구멍이 생겼나 신기할 따름이었다. 오수자굴은 조선 명종 때 광주 목사를 지냈던 갈천 임훈 선생이 《향적봉기》에 '계조굴'이라고 쓴 곳이지만, 오수 자라는 스님이 이곳에서 득도했다는 전설이 있어 지금은 오수자굴 로 불리고 있다. 하산하는 등산로에는 산죽이 가득하다. 눈 덮인 산 죽을 보니 그 푸르름이 더욱 돋보인다.

중봉에서 오수자굴까지는 1시간 남짓이던 하산할 수 있지만, 눈 이 많이 쌓여 평소보다 시간이 더 걸렸다. 무주구천동 계곡을 따라 하산을 하다 보면 경사가 거의 없어 힘들지 않다. 쉬지 않고 빠르게 걷다 보니 어느새 백련사 입구 삼거리다. 꽁꽁 얼어붙은 구천동 계곡을 따라 오르던 맞은편 산길로 내려오다 잠시 쉬며 준비해간 귤과 사과를 간식으로 먹는다.

아이젠을 벗고 한참을 걸어 주차장에 도착하니 오후 5시 30분이었다. 점심도 거른 채 산행을 시작한 지 꼬박 7시간 30분이 지났다.

주차장 근처에서 남은 김밥과 함께 따끈한 칼국수를 시켜 먹으려고 식당을 찾았지만 마땅한 곳이 없었다. 일행은 얼마 전에 오도산에 올랐다가 들려 맛있게 먹은 가조면의 식당으로 이동해서 저녁을 먹고, 맞은편에 있는 백두산 온천에서 피로를 풀기로 했다.

맛있는 저녁을 먹고 목욕을 하고 나니 기분이 날아갈 것처럼 상쾌하다. 늦은 저녁 귀갓길 영천휴게소에 들러 탄산수 한 모금을 마시고 나니 속까지 개운하다. 포항에 도착해 집에 오니 밤 10시다.

해발 1,614m인 덕유산은 우리나라에서 네 번째로 높은 산이다. 한라산 1,950m, 지리산 1,915m, 설악산 1,708m 다음이다. 남쪽에 있는 산치고는 눈이 많아서 겨울에는 설경을 즐기기 위해 많은 등산객이 찾는다.

3년 전 겨울, 덕유산에 왔을 때 무주 구천동의 별미인 무전과 배추전을 먹었던 기억이 난다. 무를 삶아서 칼로 썰어 부치는 전은 어느 곳에서도 맛볼 수 없는 구천동만의 맛이었다.

눈꽃산행의 끝은 따스했다. 산은 항상 같은 모습으로 자리를 지키고 있다. 하지만 산을 찾는 사람에 따라 기쁨도 되고 아쉬움도 된다. 문득 각자 자기 맡은 분야에서 스스로 일하며 그 기쁨을 느끼고, 좋아하는 취미 하나쯤 가지고 즐기면서 살아가는 것이 최고의 행복이라는 생각이 든다. 우리 삶의 매 순간순간이 다시는 돌아오지 않을 시간이다.

그런데 삶은 일상적이어서 가볍게 생각하고 소중한 시간을 대부분 놓치고 있다. 하루하루를 허투루 살아서는 안 되겠다는 깨달음을 또 한 번 느끼는 하루였다.

설 연휴, 운문산 정상에 서다

- 2023. 01. 25 -

　설 연휴 기간에 경남 밀양시에 있는 영남알프스 9봉 중에 길도 평탄하고 정상에서 보이는 경치가 아주 멋진 운문산을 올랐다.

　백과사전에 따르면 영남알프스는 울산, 밀양, 양산, 청도, 경주의 접경지에 형성된 가지산을 중심으로 해발 1,000m 이상의 산이 수려한 산세와 풍광을 자랑하는 것이 유럽의 알프스와 견줄 만하다 하여 붙여진 이름이라고 한다. 보통 가지산(1,241m), 간월산(1,069m), 신불산(1,159m), 영축산(1,081m), 천황산(1,189m), 재약산(1,108m), 고헌산(1,034m)의 7개의 산을 지칭하나, 여기에 운문산(1,188m), 문복산(1,013m)을 포함시켜 소위 9봉이라 말한다.

　필자가 운문산을 찾은 것은 이번이 세 번째다. 영남알프스 9봉 중에 한 번밖에 오르지 않은 고헌산을 제외하고 다른 산은 이미 여러 번 올랐다. 운문산은 밀양 석골사에서 출발해서 치마바위, 정구지바위, 상운암, 운문산 정상, 딱발재, 범봉, 석골사로 원점 회귀하는 5시간 정도의 코스를 두 차례 걸었다.

　설 전날인 지난주 토요일, 산벗 세 사람은 늘 만나던 곳에서 오전 9시에 만나 점심으로 먹을 꼬마김밥을 준비한 후 9시 20분에 포항을 벗어나 석골사로 2시간 가까이 차를 몰았다. 구름 위의 암자라는 상운암의 아름다움과 운문산 정상의 풍광을 즐기며 하루를 보내기 위해서였다.

석골사 입구에 도착한 일행은 산을 오르기 전에 커피 한 잔을 마시기 위해 카페나 편의점을 찾았지만, 눈에 띄지 않았다. 늘 그랬던 것처럼 산을 오르기 전에 차 한 잔을 나누고 오르는 것은 산벗들의 오랜 관행이다. 그래서 지나쳐온 산내면 얼음골 마을로 갔다가 오기로 했다.

석골사 초입에서 나와 얼음골 편의점에 들러 커피와 빵 한 조각을 먹고 한 잔은 보온병에 담아서 나오는데 등산객이 많이 보였다. 편의점 사장에게 이곳에서 오를 수 있는 운문산행 코스를 물었더니, 상양마을회관 주차장에서 가는 길이 최단코스라고 답했다. 선배이자 산행대장은 오늘은 석골사로 가지 말고 가보지 않았던 이곳 산내면 삼양리에서 운문산을 오르자고 했다.

편의점을 나와 상양마을회관 주차장에 도착하니 주차할 곳이 없었다. 한참 언덕을 올라가 주택 근처 공터에 주인의 승낙을 받아 어렵게 주차를 했다.

등산화를 고쳐 신고 배낭을 둘러메고 걸어 내려와 상양마을회관 주차장에서 마주 보이는 콘크리트 포장도로를 따라 사과과수원 사이로 이어진 언덕길을 따라 계속 걸었다. 가는 길 군데군데 가지산, 운문산, 아랫재, 백운산을 안내하는 등산로 안내 팻말이 붙어 있다. 포장도로가 끝날 무렵 정원이 넓고 잔디가 가지런히 정리된 멋진 황토집이 보였다. 멋진 정자를 가진 이 집 위쪽이 바로 등산로 입구였다.

　　상양회관 마을주차장에서 출발하면 산 들머리까지는 1.1km의 거리다. 언덕길 사이로 과수원과 주택들이 오밀조밀 모여있어 예쁘다는 생각이 든다. 시간을 보니 11시 40분이었다. 겨울인데도 날씨는 화창하고 따스하다. 과수원 울타리 목련나무에는 연푸른 망울이 맺혀 있다.

　　본격적인 산행이 시작되었다. 안내팻말을 보니 아랫재까지 1.8km, 운문산까지는 3.3km다. 아랫재로 가는 길은 완만하고 편안했다. 다른 산처럼 계단도 없고 경사가 가파르지 않아서 걷기가 수월했다. 잡목숲 사이로 가랑잎을 밟으며 편하게 걷다 보니 마음도 편안해졌다. 계속 가다가 조금 가파른 언덕을 오르니 순식간에 아랫재에 다다랐다. 아랫재에 설치된 운문산 생태·경관보전지역 환경감시초소에서 사진을 찍고 잠시 쉬면서 물 한 잔을 마신다.

대구지방환경청과 청도군이 설치한 안내관을 보니, 이 지역은 까막딱다구리, 삵, 하늘다람쥐, 담비, 벌매, 올빼미 등 멸종위기 야생생물이 서식하고 있는 생태계의 보고라고 한다.

상양마을회관에서 2.9㎞를 올라온 아랫재에서는 가지산과 운문산, 억산으로 길이 갈라지는 곳이다. 일행은 은문산, 억산 방향으로 발길을 옮긴다. 그동안은 편안하게 왔지만, 지금부터 운문산 정상까지는 가파른 길을 걸어야 한다. 경사도가 있는 구간을 계속 걸으니 땀도 송골송골 맺힌다.

산을 오르는 행위는 현재형이다. 삶이 현재형인 것처럼 걷는 일은 지금이다. 오르기 힘든 산도 조금만 견디다 보면 금방 괜찮아진다. 산을 오르는 것이 한계가 없듯이 세상이 정한 한계도 없다. 한계라고 믿는 자기 자신과 사람들만이 있을 뿐이다. 살아있음을 직접 느끼고 심장 박동을 느끼며 두 발로 걷는 일이야말로 지금 이 순간이다.

주변 산들을 둘러보며 긴 한숨을 쉬고 산 아래를 보니, 산과 산으로 연결된 능선들이 먼바다에서 밀려오는 파도처럼 아름답다. 1일 2산 또는 1일 3산이 아니어서 시간에 쫓기지 않고 오랜만에 느긋한 시간을 보내면서 산행을 하니 마음도 여유롭다.

한 발 한 발 걷다 보니 벌써 몇 개의 산등성이를 지나쳤고 한자로 운문산이라 쓰인 네모난 작은 표지석이 나타났다. 각자 인증샷과 단체 사진을 찍고 조금 더 오르니 화강암으로 높게 세워놓은 운문산(해발 1,188m) 정상석이 우뚝 서 있다. 인증샷을 남기고 정상에 서서 산 아래의 세상을 내려다본다.

정상주변 전망 좋은 위치를 찾아 억새밭에 자리를 잡고, 여유롭게 산 아래를 바라보며 준비해간 삶은 고구마, 곶감, 귤, 사과를 먹는 행복한 시간을 즐긴다. 깜박하고 김밥을 차에 두고 와서 조금은 아쉬웠지만 아무도 불만이 없다.

골골이 흘러내린 산 계곡을 바라보며 지난 여름날 보았던 운문산의 초록빛 그늘을 떠올렸다. 울창했던 초록의 자태는 순식간에 사라지고 앙상한 가지만 하늘을 향해 두 팔을 뻗고 있는 현재의 모습을 본다. 낙엽이 진다고 나무가 죽지 않듯, 개개인의 삶도 지금 추락한다고 영원히 죽지는 않는다. 또 얼마의 시간이 지나면 나무의 변신이 나를 맞이할까. 문득 또다시 변신해 있을 나무의 모습들을 상상하면서 하산을 시작한다.

올라갈 때는 느끼지 못했는데 내려가려니 비탈길이 가파르다. 스틱에 힘을 주고 조심조심 내려오다 보니 아랫재다. 아랫재에서 물 한 모금 마시고 부지런히 내려오니 오후 4시쯤 삼양마을회관에 다다른다. 주차한 곳으로 다시 걸어가 옷을 대충 털고 차에 오른다.

과수원과 주택 사이로 내려오다 상양마을 입구에 자리 잡은 2층짜리 하얀 건물에 있는 카페 산내랑에 들러 차 한 잔을 마시며, 산행 소감을 나누면서 산행을 마무리한다. 아늑한 카페 앞에는 수백 년이 됨직한 고목나무가 이 마을의 역사를 대변하고 있는 것 같다.

카페 창을 통해 바라본 운문산이 푸른 물감 빛 하늘을 배경으로 의젓하게 자리하고 있다. 카페를 나와 운문산을 뒤로하고 저녁을 먹기 위해 울주군 덕현삼거리를 지나 석남사 근처의 유명한 맛집 촌동네식당으로 향했다. 마침 영업을 하고 있어서 주인이 추천하는 시래기영양밥을 시켜먹었다. 처음 먹어보는 시래기영양밥과 각종 나물 반찬은 일행 모두의 입맛을 사로잡았다. 땀을 흘리고 나서 배가 고파 그런 탓도 있었겠지만, 맛이 단연 압권이었다. 주인의 친절에 감사를 표하면서 기회가 되면 다시 오겠노라고 약속하고 귀갓길에 올랐다. 시간을 줄이려고 경주시 산내면으로 달려오다가 건천읍에 있는 건강나라 사우나에 들렀다. 피로했던 심신을 온천에 내려놓고 포항에 도착하니 밤 10시였다. 오늘도 인생 최고의 날이었다. 내일도 최고의 날이 되기를 바라며 산벗들은 작별을 고했다.

아직 본문을 읽지는 못했지만 설 연휴에 보려고 구입한 파울로 코엘료의 소설 《다섯번째 산》의 뒷표지에 쓰 있는 글을 읽으며 하루를 정리한다.

"산에 오르면 우리의 영광과 우리의 슬픔도 대단치 않아진단다. 우리가 얻은 것이나 잃은 것이 무엇이든 그저 저 아래에 남아 있지. 산 정상에 서면 세상이 얼마나 광활하고 지평선이 얼마나 멀리 뻗어있는지 알 수 있게 돼."

겨울비 내리는 남산, 고위봉을 오르며 (1)

- 2023.01.16 -

    경주시에 소재한 고위봉(494m)은 금오봉(468m)과 함께 남산에 속하는 대표적인 봉우리다. 금오봉과 고위봉이 중심이 되어 이룬 산줄기 전체를 남산이라 한다.

    남산은 약 8km에 걸쳐 남북으로 뻗어있는 산으로 남쪽의 금오봉(468m), 서쪽의 고위봉(494m)으로 연결되어 있다. 남산은 신라 천년 고도의 진산이다. 40여 개의 계곡과 산줄기에는 100여 곳의 절터와 80여 구의 석불, 60여 기의 석탑이 산재해 있어 '산속의 박물관'으로서의 가치가 인정돼 유네스코 세계문화유산으로 지정되었다.

    필자가 사는 포항과는 30여 분 거리에 있어 틈이 나면 금오봉과 고위봉은 찾는다. 금오봉은 한동안 보름만 되면 밤 산행을 한 적이 있었다. 통일전 주차장에 차를 세워두고 달빛을 받으며, 왕릉을 지나 솔밭 사이를 걷다 보면 순식간에 금오정에 이른다.

    금오정에 도착해 정자 앞뜰 너럭바위에 퍼질러 앉아 보름달을 보고 있으면 모든 걱정근심이 순식간에 사라지고 마음이 환해진다. 봄은 봄대로, 여름은 여름대로, 가을은 가을대로 멍하니 앉아 보름달을 바라보면 마음이 그렇게 편할 수가 없었다.

특히 칼날 같은 세찬 바람을 온몸으로 맞으며 바라보는 한겨울의 보름달은 나태한 삶을 희망의 삶으로 변화시키는 생활의 활력소 그 자체였다. 산 구석구석을 훤하게 알고 있어서 밤과 낮 할 것 없이 마음만 먹으면 산에 오를 수 있는 행복은 남산이 가까이 있는 덕분에 누릴 수 있는 게 아닐까 싶다. 경주 남산은 용장리, 삼릉, 상서장, 포석정, 통일전, 비파마을 등 출발지는 달라도 결국 금오봉과 고위봉에서 만나게 된다.

지난 주말은 겨울비가 조금씩 내리면서 안개가 많이 끼었다. 주말마다 만나는 산벗 일행은 9시에 대이동 A아파트 광장에서 만나 통일전 쪽으로 차를 몰았다. 남산사(舊 염불사지) 근처 주차장에 차를 세워두고 최근에 단골이 된 카페 늘人에 가서 모닝커피를 나눈 후, 대안당, 칠불암, 신선암, 백운재, 고위봉, 열반재, 녹원정사에서 점심을 먹고 원점 회귀 코스로 산행하기로 했다. 이번 코스의 원점회귀는 벌써 세 번째다. 남산 산길이 나름대로 모두 좋지만, 그중에서도 이번 산행코스가 가장 아름다운 산행길이어서 여러 번 찾아도 싫증이 나지 않는다.

산벗 일행은 카페 늘人에 도착해 커피 넉 잔을 주문하고, 한 잔은 보온병에 담아서 점심 식사 후 마시기로 했는데 늘 챙겨오던 후배가 불참해서 보온병이 없었다. 그러자 마음씨 착한 늘人의 총각 사장은 보온병을 빌려주겠다면서 하산할 때 돌려달라고 했다.

제과기술과 바리스타 자격을 갖춘 미남 총각이 혼자서 운영하는 카페 늘人은 주택을 개조해서 남산이 한눈에 들어오도록 남향 벽에 통창을 냈다. 남산을 바라보면서 즐기는 커피는 주인의 친절함이 더해져 맛이 최고였다. 카페에 들어서자마자 보이는 내부 공간은 10여 명 정도가 앉을 정도로 아담하지만, 우측 벽 쪽의 커튼을 열면 10명 이상이 들어가 얘기를 나눌 별도의 공간이 있어서 생각보다 넓다.

카페 늘人의 뜰에는 잔디가 가지런하게 정리되어 있고, 나무껍질을 잘라 담장을 나란히 세웠다. 오래된 감나무 가지에 까치가 앉아 붉은 홍시를 쪼고 있는 풍경을 보면 잠시 쉬는 시간이 정말 따뜻하고 편안하다. 커피를 마시고 나와 일행들은 카페 늘人을 배경으로 뜰에서 사진을 찍는다.

남산사(前 염불사지) 주차장에서 등산화를 고쳐 매고 배낭과 스틱을 챙긴 후 흐린 날씨의 염불사지 동·서 삼층석탑을 배경으로 일행들은 또 사진을 한 컷씩 남기고 출발한다. 이 석탑은 통일신라 시대의 전형적인 형태이자 보물로 지정되어 있다.

남산사 입구 맞은편 담장을 보니 "삶은 지나간 과거에 있지 않고 다가올 미래에 있지도 않다. 지금 이 순간 여기서 내가 느끼고 생각하고 체험하는 바로 그것을 삶이라고 부르는 것이다"라고 쓰여있다. 공감이 가는 말이었다. 지금 이 순간을 위해 오늘도 비를 맞으며 남산을 찾은 것이다.

시계를 보니 11시다. 고위봉을 오르는 들머리에는 이정표가 있고 곳곳에는 등산지도가 잘 만들어져 있다. 칠불암을 오르는 등산로는 계곡을 따라 완만해서 나 있어서 등산객들이 산책하기에는 안성맞춤이다. 천천히 걸으며 사색하는 데는 이보다 좋은 길은 없을 것 같다.

울창한 솔숲으로 이어지는 칠불암 오름길은 돌계단으로 계속 이어지고, 한참을 올라가면 칠불암에 딸린 암자 대안당(大安堂)이 나온다. 칠불암을 찾는 불자들이나 등산객들이 잠시 쉬어가는 곳이다. 약수터가 있어 목을 축일 수도 있다. 잠시 쉬면서 사진도 찍고 간식으로 가져온 바나나를 하나씩 나눠 먹었다.

대안당을 지나 가파른 돌계단을 오르면 칠불암이다. 칠불암 뜰 삼층석탑 앞에 비스듬히 서 있는 소나무를 보니 칠불암에 얽힌 세월을 보는 것 같다. 산 위로 올라가는 운무를 배경으로 서쪽 암벽 앞에 새겨진 일곱 부처님을 모시고 있는 작은 암자의 건물이 오늘따라 왠지 처연한 아름다움을 보여준다. 이곳 칠불암은 다른 암자와는 달리 법당에 부처님을 비롯한 어떤 불상도 모시지 않는다. 이는 이곳에 있는 마애불상군을 주불로 모시기 때문이고, 칠불암 법당에서 동쪽

창을 바라보면 마애불상군이 한눈에 들어오기 때문이라고 한다.

칠불암 마애불상군은 남산에서 유일하게 국보 제312호로 지정된 유물이다. 서쪽 암벽 앞에 삼존불이 동쪽을 향해 새겨져 있고, 그 앞 바위에는 사면불이 조각되어 있었다.

칠불암의 불상들이 만들어진 시기는 7세기 말엽에서 통일 초기로 추정하고 있다. 칠불암을 배경으로 한 컷을 찍고, 대숲을 지나니 급경사 구간의 계단과 암릉이 시작된다. 가파른 암릉 구간을 오르니 사방을 조망할 수 있는 너럭바위가 나온다. 너럭바위에 올라서서 산 아래를 내려다보니 운무에 가려 아무것도 보이지 않는다. 세속을 벗어나 신선이 사는 세계에 들어온 것 같은 착각이 든다.

조망터를 지나면 다시 가파른 계단이 계속되고, 60여m만 내려가면 신선암이 있지만 몇 번 가본 곳이라 일행은 그대로 지나친다. 신선암에는 보물 제199호로 지정된 마애보살반가상이 새겨져 있다. 마애보살반가상은 절벽 끝자락 바위에 마치 구름을 타고 하강하는 듯한 표정이고, 입가에는 한없이 근엄한 미소를 머금고 있다.

가파른 데크계단을 올라서니 넓은 쉼터가 나온다, 맑은 날이면 멀리 토함산 능선도 보이고, 눈앞에 펼쳐지는 경주 시가지와 남산사가 발아래 보이지만 흐린 날씨 때문에 보이지 않는다.

겨울비 내리는 남산, 고위봉을 오르며(2)

- 2023.01.17 -

조금 더 걸으니 백운재다. 오르막 구간이 이어지면서 조금 올라가니 남산의 최고봉인 고위봉(494m)에 다다랐다. 맑은 날이면 건너편 남산의 두 번째 봉우리 금오산(468m) 정상이 보이는데 오늘따라 운무로 보이지 않는다. 고위봉 정상에서 인증샷을 찍고 용장마을 방향의 가파른 등산로를 따라 내려오면 전망바위가 나타난다. 이곳에서 금오봉 정상과 용장사지를 한눈에 볼 수 있다.

전망바위에서 다시 가파른 등산로를 따라 내려가면 울창한 솔숲과 함께 아름다운 조망들이 한눈에 펼쳐지며 천룡사와 관음사의 갈림길인 열반재에 도착한다.

관음사로 내려가는 용장곡 등산로 반대 방향으로 내려와 쭉쭉 뻗은 소나무 군락지를 따라 조금 걸으면 녹원정사다. 녹원정사 너른 마당의 높다란 감나무에는 아직 홍시들이 달려있다.

지난가을에 왔을 때는 집주변에 심어진 감나무의 감을 주인이 직접 따서 본채 처마에 가득 달아놓고 등산객들에게 익은 감을 마음대로 따먹을 수 있도록 배려했다. 산벗 일행도 추녀 아래 마루에 앉아 홍시를 몇 개씩 먹었다.

 녹원정사 사장은 40대 부부가 함께 식당을 운영하고 있다. 주말에는 손님이 제법 있지만, 오늘같이 비 오는 주말은 손님이 많지 않다고 한다. 한때는 손님을 1,000명까지 받은 적이 있다고도 했다. 관광버스로 24대가 왔었다며 마당에 자리를 깔고 식사를 했다고 하니 더 무슨 말이 필요하겠는가.

 여러 차례 이곳에 와서 점심을 먹다 보니 젊은 사장과 친해져서 이런저런 얘기를 나누고 안부를 묻는 사이가 되었다. 녹원정사를 잠시 소개하면, 본채 우측에는 사랑채가 있는데 외벽에는 사업자등록증이 붙어있다. 그 옆에 목판으로 서각된 '밥이 하늘입니다'라는 글귀가 있다.

 그 아래에는 식단표가 있고, 식단표 밑에는 시와 산문 한 편이 붙어있다. 누가 쓴 글이냐고 물었더니 사장이 "큰아버지가 쓴 글인데 붙여두라고 해서 붙여 놓았다"면서, 툭 던지는 말이 걸작이다. "글을 보면 효자라고 생각하지만, 말과 행동이 완전히 달라 배울 게 없다"고 한다. 그 얘기를 듣고 일행 모두가 웃었다.

 식단표에는 식사류와 주류로 나눠 표시되어 있는데 재밌는 것은 식단표 하단에 '공깃밥 추가 8,000원입니다. 인원에 맞게 식사 주문 시에는 공짜입니다'라고 써놓은 글귀다.

　　푸짐한 산채밥상 1인분이 8,000원인데 밥 한 공기 추가에 8,000원이라고 하니, 선뜻 이해가 되지 않았다. 궁금해서 사장에게 물었더니, 손님들이 인원수대로 식사 주문을 하지 않고 밥값을 아끼려고 숫자를 줄여서 주문한 뒤 추가로 공짜 공깃밥만 달라고 한다는 것이다. '아, 그래서 공깃밥 추가 시 8,000원이라고 써놓았구나'라는 생각을 했다. 사장의 지혜가 눈에 보였다.

　　지난번 이곳에 왔을 때는 사장이 머리에 두건을 쓰고 밥상을 배달했다. 그런데 오늘 보니 검은 모자를 쓰고 가운데 흰 글씨로 '사장님'이라고 새겨 놓았다. 궁금해서 물어보려고 하다가 속으로 짐작을 해보니, 젊은 사장이 음식을 나르다 보니 다양한 손님들이 아저씨, 총각, 삼촌, 종업원 등 부르는 호칭도 각각 달랐을 것이다. 그래서 일일이 사장이라고 대꾸하기도 그렇고 해서 모자에 써진 글씨를 보고 그렇게 불러 달라는 의미로 글씨를 새겼지 않을까 싶었다.

　　날씨가 흐리고 비가 온 탓에 마당에 있는 탁자에서 먹으려던 점심계획을 포기하고 방에 들어가서 점심을 시켰다. 칼국수와 몇 가지 메뉴의 음식이 있지만 쌈배추, 김치, 고사리무침, 비지, 된장, 고추장, 물김치, 검은콩, 도라지, 콩나물, 무채무침으로 쓱쓱 비벼 먹는 산채비빔밥이 최고였다. 가격도 저렴하고 양도 많다. 거기에다 도토

리묵과 파전까지 시켜 먹었더니 배가 잔뜩 불러 일어나기가 싫다. 후식으로 식당에서 제공하는 양촌리 커피에다 따뜻한 방에 앉아 있으니 한숨 자고 싶은 충동이 들었다.

 평소에는 산행을 떠나기 전에 식당에 들러 꼬마김밥을 준비해서 가지만 오늘은 녹원정사에서 맛있는 점심을 먹기 위해 각자 간식과 물만 준비해서 왔다. 맛있는 점심을 먹고 행복한 비명을 지르며 자리에서 일어났다. 왔던 길을 되짚어 출발지인 남산사 주차장으로 가는 일만 남았다. 산벗의 최고 형님이 앞장서고 나머지는 뒤따라서 열반재, 고위봉, 백운재, 신선암, 칠불암을 거쳐 대안당에서 잠시 쉬고 하산하기로 했다.

 일행은 대안당 앞마루에 앉아 카페 늘ㅅ에서 준비해간 커피를 맛있게 나눠마셨다. 간식으로 가져온 삶은 고구마와 달달한 귤도 맛있게 먹었다. 마침 행자 스님 두 분과 비구니 스님 한 분이 힘들게 올라오길래 삶은 고구마와 귤을 나눠드렸다.
 빠른 걸음으로 남산사 주차장에 도착하니 오후 4시 30분이었다. 소요된 시간은 5시간 30분이었다. 산벗 일행은 주차장에 마련된 기구로 옷과 신발을 깨끗이 털고 산행을 기분 좋게 마무리한다.

 차를 타고 집으로 귀가하는 길, 갑자기 어제 신문에서 읽은 오늘의 운세가 생각났다. '추운 겨울에 따뜻한 바람이 불어오듯 바라던 일들이 술술 풀리는 날입니다.' 새로운 한 주가 시작되면 오늘의 운세처럼, 어제보다 오늘이, 오늘보다 내일이 더 행복하고 따뜻해졌으면 좋겠다는 생각을 해본다. 날씨는 여전히 흐리고 겨울비가 조금씩 차창을 타고 내리고 있다.

집에 도착해서 샤워한 후, 휴대폰으로 찍어온 녹원정사 사장님의 큰아버지 이원웅 님의 글 <타향살이와 어머니>를 읽어보니 마지막에 이렇게 적혀 있었다.

여인은 안고 싶은 존재지만, 어머니는 안기고 싶은 존재다. 그래서 명절 때면 아내와 아이들을 고향에 먼저 보내고 바쁜 일과를 마친 늦은 밤에라도 나는 어머니가 있는 고향으로 꼭 달려갔다. 효(孝)로서 효를 가르친다고 했던가. 내 아이들이 눈을 번득이고 나를 보고, 아버지가 할아버지, 할머니를 대하는 자세를 직시하고 있다. 현재 부모님의 상황이 이십, 삼십 년 후의 나의 모습이라고 생각하였는데, 그게 벌써 내 앞에 지금의 현실이구나. 부르기만 하여도 눈물이 나는 그 이름. 어머니! 하늘나라에서 평안히 계시지요?

일찍 어머니를 여의고 아버지마저 15년 전 세상을 떠난 필자에게 녹원정사 이 글은 내 가슴을 한참 동안 먹먹하게 했다. 설 명절을 며칠 앞두고 부모님 생각을 떠올리니 살아생전 못 해드렸던 일이 주마등처럼 스쳐 간다.

새해 첫 주,
미녀봉(美女峰)과 오도산(吾道山)을 오르다
- 2023.01.09 -

지난 토요일, 경남 합천군에 있는 미녀봉과 오도산(吾道山)을 올랐다.

아침 7시, 포항에서 출발하면서 차창 밖으로 내다본 하늘은 미세먼지 때문인지, 눈비가 오려는지 온통 회색빛이었다. 동행한 일행은 주말마다 시간을 같이하는 선후배 산벗이다.

논공휴게소에 들러 커피와 호두빵을 사서 차 안에서 나눠 먹고, 가조IC를 지나 황강을 따라가는 도로에는 눈이 제법 쌓여 있었다. 새해 첫 산행지를 태백산으로 하지 않고 오도산으로 정한 것은 번잡한 곳보다 조용하고 가보지 못한 처녀 산이었기 때문이다.

오도산 자연 휴양림에 도착해 관리사무소 직원의 산행 안내를 받고, 주차장에 차를 세우고 준비물을 챙겼다. 그런데 나 혼자 눈 산행에 필수인 아이젠을 챙겨오지 않았다. 마침 산행대장인 선배가 여분으로 챙겨온 아이젠을 빌려줘서 고마웠다.

처음 온 오도산 자연 휴양림에는 산막, 평상, 매점, 쉼터 등 시설이 좋아 보였다. 하지만 등산객은 한 사람도 보이지 않았다. 오전 10

시, 본격적인 등산을 시작했다. 흐리던 하늘이 맑아지면서 날씨가 청명하다. 산행 초입 좌측에 세워진 안내판을 보고 데크계단을 따라 올라 눈 덮인 낙엽을 밟으며 완만한 산길을 30여 분 걷다 보니 전망이 확 트인 삼거리 산등성(말목재)에 올라선다. 겨울 날씨인데도 바람 한 점 없이 포근하고 올라가는 등산로도 가파르지 않았다.

이제부터는 선바위, 유방봉, 눈썹바위, 893봉, 미녀봉(美女峰, 933m), 전망봉, 오도재, 오도산 정상(해발 1,120m)에 올랐다가 오도재로 다시 내려와 휴양림 주차장으로, 산을 한 바퀴 돌아서 내려가야 한다. 산행 거리는 10km 정도며, 약 5시간 이상을 미녀봉과 오도산을 동시에 정복하는 산행이다.

말목재에서 능선을 바라보니 좌측으로 미녀봉의 유방봉, 눈썹바위와 아이를 잉태한 것 같은 배가 보이고, 우측으로는 높은 오도산이 머리에 뿔(중계탑)을 달고 미녀봉과 나란히 곡선을 그리고 있다.

산벗 일행은 앞서거니 뒤서거니 하면서 봉우리를 지나고, 키가 큰 선바위(입석)을 지나 로프와 바위를 타는 아기자기한 산행을 이어갔다. 유방봉에 도착하니 괴석 사이에서 자라는 소나무가 바위에 쌓인 눈을 이불 삼아 도도하게 서 있다. 주위의 풍경이 무척 아름다워 마치 내가 신선이 된 느낌이 든다. 나도 모르게 감탄사가 터져 나온다.

　소나무 아래 납작 붙은 이끼(지의류)는 암석을 녹이는 작용을 한다. 규산염이 들어있기 때문이다. 흙과 솔씨가 공생하면서 뿌리를 내려 암석 밑으로 들어가 비바람을 맞으며 견디는 것이다. 오늘도 견디며, 참아내며 공생하는 삶을 온몸으로 보여주는 위대한 자연의 스승에게 한 수 배운다. 일전에 보았던 조선일보 <장유정의 음악정류장>이라는 코너에서 "인생이란 것은 지도에 없는 길을 가는 여행이라 길이 없는 곳에서 길이 시작되곤 한다. 어떤 길이 우리를 기다릴지 알 수 없다. 그래도 가보기로 한다"고 했다. 무척 공감이 가는 글이어서 메모를 해두었다.

　산이 좋아서 주말마다 산에 가지만, 갈 때마다 느끼는 것은 등산은 우리가 살아가는 삶의 방법이라는 생각이 든다. 인생은 즐거운 날보다 힘들고 어려운 날이 많지만, 산에 오면 긍정적으로 살아가야 한다는 용기를 얻게 되기 때문이다. 산을 오르며 느끼는 즐거움은 무엇보다도 힘들지만 스스로 해냈다는 성취감과 자신감이 생기기 때문일 것이다.

　유방봉을 지나자 기암괴석의 눈썹바위가 보인다. 이곳에서 바라본 조망은 형용할 수 없이 황홀하다. 동서남북 모든 조망이 한꺼번에 펼쳐지는 곳, 그 아름다움은 글로 표현하기가 어렵다. 눈썹바위에서 조금 내려오니 삼거리가 나타난다. 좌측은 유방샘으로 가는 길이다. 가보려고 하다가 미련을 남겨두고 일행을 따라서 가던 길을 계속 걷는다.

삼거리에서 2기의 분묘를 만나고 또 한 차례의 묘를 지나고 나니 헬기장이다. 잠시 후 893봉에 도착을 했다. 893봉이 정상인 줄 알았는데 조금 걸어가니 더 높아 보이는 미녀봉이 나타난다.

미녀봉 정상에서 개별로 사진 한 컷과 단체 사진을 촬영했다. 미녀봉은 행정구역상 경남 거창군 가조면에 속해있다. 가조IC 부근에서 동남쪽을 자세히 보면 긴 머리카락을 늘어뜨리고 반듯이 누워있는 미녀 모양의 산이 보인다. 황강의 지류인 가천에 긴 머리칼을 풀어 담그고 단아한 이마, 까만 눈썹, 오뚝한 콧날, 벌린 입, 또렷한 턱과 목을 거쳐 솟은 젖가슴 아래로 아기를 잉태한 듯 불룩한 배의 모습은 자연미를 갖춘 미녀라 부를 만하다.

미녀봉 정상에서 내려오니 또 헬기장이 나타났다. 다시 고갯길을 오르니 마지막 봉우리가 나타나고, 여기서부터 오도재까지 가파른 경사의 내리막길이다. 조심조심 내리막길을 걷는다. 낙엽과 눈이 뒤섞여 매우 미끄럽다. 산행대장은 조심해서 내려오라고 안내한다.

오도재에서 내려와서 직진하면 오도산, 우측으로 방향을 잡으면 자연 휴양림이다. 그런데 오도산을 오르는 산비탈이 장난이 아니다. 표고 차가 200m 이상은 족히 될 듯했다. 눈과 낙엽이 푹푹 빠지는 산길을 오르려니 숨이 가쁘고 힘이 많이 든다. 그래도 일행들과 떨어지기 싫어서 있는 힘을 다해서 올랐다. 가파른 비탈길을 30여 분을 올라가니 임도가 나타났다. 임도에 올라서니 오도산 정상이 코앞에 보였다. 정상인 중계탑에 금방이라도 도착할 것 같은데 포장된 도로를 따라 한참 동안 걸어야 했다. 드디어 중계탑 정문이 나오고 그 안에 들어서니 CCTV를 철망으로 둘러놓았다. 그리고 흰 천에 '오도산 정상 해발 1,120m' 라고 적혀있다. 정상석도 없는 정상이다. 각자 사진과 단체 사진으로 인증샷을 남긴다.

정문 옆 관리실은 산행자를 위한 공간으로 활용되고 있었다. 배낭을 내려놓고, 산행대장이 준비해 간 코펠을 꺼내 물을 붓고 불을 붙여 준비해 간 라면을 끓인다. 라면에 김치와 김밥을 곁들여 먹으니 힘들었던 몸이 모두 녹아내리는 것 같다. 점심을 먹은 뒤 양촌리 커피까지 끓여 마시고 하산을 서둔다.

오도산은 대한민국 야생에서 멸종한 아무르표범이 1962년에 최후로 생포된 곳으로 알려져 있다. 오도산이라는 지명은 도선국사가 깨달음을 얻고 오도송을 읊었던 곳이라 해서 붙여졌다고 한다. 오도산의 원래 이름은 '하늘의 촛불'이라는 뜻의 '천촉산' 또는 까마귀 머리처럼 산꼭대기가 검다고 해서 '오두산'이라 불렸다고 전해진다. 그러던 것을 한훤당 김굉필 선생과 일두 정여창 선생이 오도산 산하 계곡을 소요하면서 우리나라 유도(儒道)를 진작시킬 목적으로 '유도는 우리의 도(道)'라는 뜻의 '오도산'으로 이름을 바꾸었다고 한다.

정상에서 내려오다 전망대에 서서 바라본 조망은 가히 환상적이었다. 합천호가 훤히 보이고 눈 앞에 펼쳐진 산 사이에 쌓인 백설은 겨울 한국화 그 자체였다. 임도를 따라 내려오다가 올라왔던 산 아래로 다시 내려간다. 봉우리가 가팔라서 힘들게 올랐던 눈밭 등산로였기에 내려가는 길도 순탄치가 않아 바위 릿지를 해가며 조심스럽게 내려왔다.

오도재에 도착해서 10여 분쯤 내려오니 계곡이 나타나고, 소나무가 가득한 넓은 자연 휴양림 솔숲쉼터에는 의자와 평상 등이 많이 만들어져 있어서 휴식을 취하기 좋아 보였다. 아름다운 오도산 자연 휴양림 사이를 유유자적하게 걸어 내려오니 주차장에 세워둔 차가 보인다.

어느덧 오후 5시다. 산벗 일행은 등산화에 붙어있는 눈을 털어내면서 한 주 동안 찌들었던 마음의 먼지도 같이 털어낸다. 차를 타고 나오는데 멀리 산 능선으로 뉘엿뉘엿 넘어가는 검붉은 석양이 참 곱다.

해가 진 저녁, 보름달이 환하게 떴다. 달빛의 정기를 가득 받으며 가조읍내에 들러 온천욕으로 하루의 피로를 풀고, 식당에 들러 먹은 삼겹살과 된장찌개, 밥 한 공기에 일행들은 세상 모든 것을 얻은 행복감을 느낀다. 산을 오를 때마다 정상에 오르겠다는 신념과 의지에서 오는 감격을 오늘도 기꺼이 맛보는 하루였다.

식당을 나와 환하게 비추는 보름달을 보면서 문득 부학산에서 새해 첫날 일출을 보며 '올해는 자만하지 말고 겸손하게 행동하자'고 했던 각오를 떠올렸다. 스스로와 했던 약속인 만큼 그 약속이 지켜지는 한 해가 되기를 바라며 늦은 귀갓길에 올랐다.

미륵산과 연화산을 다녀와서
- 2022.12.28 -

　부산에서 활동하고 있는 윤경 시인이 12월 첫 주에 그의 두 번째 시집《목련은 골목을 품는다》를 보내왔다. 한동안 서로 바빠서 연락을 주고받지 못했는데 일요일 저녁에 전화가 와서 안부 인사를 나눈 후 지난여름에 시집을 냈는데 못 보냈다며 받을 주소를 알려달라고 했다.

　전화를 받고 문자로 주소를 보내고 나서 김 시인을 언제부터 알고 지냈는지를 가만히 생각해보니 벌써 35년 가까이 되었다. 80년도 중반 문학 동인을 결성해 김 시인은 '문창 동인'으로 필자는 '형용사 동인'으로 서로 바쁘게 활동할 때였다. 김 시인이 보내온 시집 속에 <미륵산>이라는 시 한 편이 들어있었다.

　　기억의 통로를 열어
　　통영앞바다를 들추면
　　미륵산으로 가는 길이 환하다

　　좁은 산길로
　　앞서가는 사람의 발자욱을 따라 걷다보면

헐렁해진 그 사람의 생각이 보여
단풍 든 자리, 벌레 먹은 자리마저 눈부시다

정상까지 오르도록
미역냄새, 파래냄새가
온몸을 기웃거리는데
미륵산이 몸을 뒤척일 때마다
추도, 오곡도, 두미도 같은 섬들이 출렁인다

지름길을 찾아
케이블카로 오를 수도 있지만
사는 것은 어차피 오르막 내리막을
관절 꺾으며 가야하는 길
내 안의 산을 타고 넘어야 하는 길

　　<미륵산>을 읽고 난 뒤 우연의 일치인지 후배가 둘째 주에 한려수도의 비경과 미항을 한눈에 볼 수 있는 통영 미륵산(461m)을 가자고 했다. 마침 김 시인의 시를 보았던지라 흔쾌히 승낙했다. 미륵산은 용화사가 있어 용화산이라고도 부르는데 한려해상국립공원의 아름다운 경관을 조망할 수 있어서 100대 명산으로 선정된 곳이다.
　　토요일 오전 7시 포항에서 출발한 산벗 일행은 고속도로 휴게소에 들러 잠시 커피 한 잔을 마시고 통영대교를 지나 11시경 용화사

주차장에 차를 세웠다. 차에서 내린 3명은 등산화를 고쳐 신고 배낭을 둘러메고 미륵산을 향해 걸음을 옮겼다.

용화사 주차장 담을 따라 띠밭등, 샘터를 지나니 제법 숨이 찼다. 산을 오르는 내내 소나무 숲길과 울창한 편백나무 숲이 있어서 기운이 맑아졌다. 산길은 정상으로 갈수록 데크로 잘 정비되어 있었다. 걷기 쉽도록 잘 닦아놓은 산행로를 따라 천천히 걸어 전망대, 봉수대를 지나 미륵산 정상에 오르니 시간이 2시간 30분가량 소요되었다. 몸이 좀 풀리려고 하는 차에 벌써 정상에 다다랐지만, 사방의 멋진 풍경을 보니 저절로 탄성이 나온다. 양털 구름 아래 섬 사이사이마다 융단을 깔아놓은 듯한 모습에 말문이 막혔다. 미륵산에서 바라본 한려수도가 이렇게 아름다울 수 있을까.

눈앞에 임진왜란 당시 이순신 장군이 승리로 이끈 한산도도 보였다. 정상 인증샷을 찍고 점점이 흩어진 섬들을 보니 왜 이곳이 100대 명산으로 선정되었는지 그 이유를 알 것 같았다.

하산길, 봉수대에 앉아 물 한 잔과 과일 한 조각을 나눠 먹고 내려오는 길에 만난 거북선 모양의 돌무더기(포토존) 앞에서 또 포즈를 잡고 사진을 찍었다.
용화사 해월루 앞뜰에는 붉고 노란 단풍이 절정이었다. 가을 단풍으로 아름다움이 절정이던 지난 9월 설악산 월정사의 단풍과 무려 석 달이라는 시차를 두고 용화사의 단풍은 이제야 막 물들고 있었다. 통영은 그만큼 따뜻한 곳이었다. 용화사 뜰에는 울긋불긋한 연등이 주렁주렁 걸려있고, 일주문 앞산에 가득 핀 붉은 동백은 왜 그리 서럽게 아름다운지 눈물이 날 것만 같았다.

용화사 절 마당을 벗어나 차를 타고 늦은 점심을 먹기 위해 동피랑 벽화마을을 지나 서호전통시장에 도착하니 오후 2시다. 통영항여객터미널에 차를 세우고 기념촬영을 하고 근처 동피랑김밥식당에 들러 충무김밥, 멍게비빔밥, 생굴을 먹으니 그 맛이 최고였다.

배가 부른데도 옆 가게에 가서 통영의 먹거리 꿀빵을 샀다. 너무 배가 불러 빵은 바로 먹지도 못했다. 일행은 소화도 시킬 겸 통영과 붙어있는 고성군 연화산을 오르기로 했다.

1일 2산이다. 산의 형상이 연꽃을 닮았다는 유래와 공룡 발자국 화석지로도 알려진 연화산(蓮花山)의 높이는 528m이다. 산이 높지 않고 특징이 없는 흙산으로 주요 관광지나 국도에서 벗어나 있어 많이 알려져 있지 않다. 하지만 울창한 송림과 대밭에 계곡이 깊고 아름다우며 주변에 고찰과 문화재가 산재해 1983년 9월 도립공원으로 지정되었다고 한다.

경남 고성은 우리나라 최초로 공룡 발자국 화석이 발견된 곳으로 고성 전역에서 발견된 것만 5,000여 개에 달해 미국 콜로라도, 아르헨티나 서부 해안과 더불어 세계 3대 공룡 발자국 화석산지로 알려져 있다.

연화산 느재고개에 도착해 차를 세워보니 주차장 고도가 138m이다. 느재고개에서 직진방향으로 포장길을 따라 100m쯤 가다 보면 좌측에 등산로가 나온다. 완만한 길을 따라가니 연화1봉 오르막이 시작된다. 솔숲 사이로 걷다 보니 순식간에 정상에 다다랐다. 그곳엔 연화1봉 정상 표석과 고성 로터리클럽에서 세운 표지석이 서 있다.

인증샷을 남기고 쉼터 의자에 앉아 바라본 산 아래 조망은 나뭇가지에 에워싸여 볼 만한 그림이 없었다. 완만한 내리막을 따라 걸어서 천천히 원점회귀를 했다. 왕복 1시간 30분 정도 시간이 지나 해가 질 무렵에 주차장에 도착했다.

옷을 털고 차에 올라 연화산을 출발, 언양에 도착해서 커피 한 잔을 나누고 출발지에 도착해 일행들과 늦은 밤에 헤어졌다.

귀가 후 씻고 나서 책상에 앉아 지난 한 해를 돌아보니 참 분주하게 보낸 것 같았다. 무엇을 했는지 잠시 생각을 되짚어보니 출근해서는 시간에 쫓기며 일만 했고, 주말이면 산벗들과 산행을 빠지지 않고 다녔으며, 인생 3모작 준비를 위해 틈틈이 자기계발에 필요한 교육을 받았다.

문득 지난 일을 떠올리고 있자니 과연 나 자신을 위한 시간에는 얼마나 투자했는지를 묻게 된다. 따지고 보면 모두가 나 자신을 위한 시간이었지만 뭔가 허전함이 드는 이유는 무엇 때문일까. 생업에 매달려 허둥대면서 아무런 생각 없이 그런저런 시간을 흘려보냈기 때문은 아니었을까. 연초에 목표했던 일들을 제대로 이루지 못했기에 지난 시간들을 붙들고 아쉬워하고 있다는 생각이 듦은 왜일까.

이제는 지난 시간들을 붙들고 있기보다는 훌훌 털고 보내야 할 때인 것 같다. 붙잡는다고 곁에 머물러줄 시간은 아니기 때문이다.

'인생의 목표는 지금까지가 아니라 지금부터다'라는 말이 있다. 과거 때문에 현재를 소홀히 해서는 안 된다는 말일 것이다. 독일의 신비학자 토마스 아 켐피스는 "지금이야말로 일할 때다. 지금이야말로 싸울 때다. 지금이야말로 나를 더 훌륭한 사람으로 만들 때다. 오늘 그것을 못 하면 내일 그것을 할 수 있는가?"라고 했다.

우리는 결코 혼자가 아니다. 이 세상의 모든 존재와 관계를 맺고 있다. 모두는 누군가의 희생과 도움으로 지금 이 자리에 있다. 나를 위해 도움을 주고 나를 위해 희생한 사람들에게 감사해야 한다. 흔히 등산하러 다니는 사람에게 "어차피 내려올 산 뭐하러 올라가

느냐"라고 묻는 이들이 있다.

　하지만 다시 배고플 것이지만 식사를 맛있게 하고, 더러워질 옷이지만 깨끗하게 세탁하며, 죽을 걸 알지만 죽지 않을 것처럼 열심히 사는 것이 인생이다.

　한 해를 마무리할 때면 사람들은 무엇을 이뤘고, 이루지 못했는가를 돌아본다. 지난 일을 평가하는 것이 부질없다고 볼 수도 있겠지만 성실함의 잣대로 자신을 평가하는 시간이 되었으면 좋을 것 같다. 미륵산과 연화산 1일 2산의 소회를 정리하며, 계묘년에는 좀 더 성실한 시간으로 마무리할 수 있기를 기대해본다.

남해 금산(錦山)을 가다
- 2022.03.29 -

　남해 금산을 처음 알게 된 것은 1986년에 출간된 이성복 시인의 시집 《남해 금산》을 통해서였다. 시집 속에 실린 <남해 금산>이란 아름다운 시를 읽으면서 남해에 금산(錦山)이란 곳이 있구나, 를 알게 되었다. 그리고 언젠가 한 번은 가봐야겠다는 마음을 그때 먹었던 것 같다.
　금산은 신라 시대 원효대사가 지금의 보리암 자리에서 관음보살을 친견 후 보광사라는 절을 창건한 뒤 보광산이라 불렀다고 한다. 금산으로 지명이 바뀐 것은 조선 시대로 젊은 시절 이성계가 정봉에서 백일기도를 드렸는데, 그때 자신이 왕위에 오르면 산에 비단을 선물하기로 약속을 했다. 왕이 된 이후 비단 대신 금산(681m)이라는 이름을 하사했다고 전해진다.

　생각만 하고 있던 남해 금산을 찾은 것은 지난 주말이었다. 돌이켜 생각해보니 남해 금산을 찾겠다고 마음먹은 지 어느덧 36년이란 세월이 흘렀다. 뭐가 그리 바빠 이제야 찾게 되었는지, 괜히 지난 시간이 야속했다.

　예술을 하는 선후배 몇 명이 주말마다 함께 떠나는 여행이자 등산모임에서 남해 금산으로 방향을 잡았다. 떠나기 전날 남쪽에는 물폭탄과 강한 바람이 분다는 일기예보가 있었다. 이에 남해 금산행을 포기하고 다음 날 경주 토함산에 오르려고 했다. 하지만 산벗들은 출발 전 일기예보를 다시 확인하고 당초 계획대로 남해 금산으로 차를 몰았다.

모두가 알고 있겠지만 원하는 것이 있으면 가만히 기다리기만 해서는 안 된다. 내가 직접 찾아가야 원하는 바를 이룰 가능성이 커진다. 생각해보면 그동안 나는 실행은 하지 않고 막연히 금산에 가 보고 싶다는 생각만 하다가 많은 시간을 흘려보내고 기회를 놓친 것이다. 다행히도 우연한 기회에 남해 금산을 찾게 된 것은 행운이었다.

오전 9시 20분경 포항에서 출발한 일행은 함안휴게소에 잠시 들러 음료수와 호두과자, 찹쌀꽈배기를 사 먹으며 잠시 쉬었다.

이후 목적지인 금산에 도착하기도 전, 남해바다가 한눈에 보이는 창선면 언덕배기에 자리 잡은 카페 '엘가'에 들렀다. 조망만 보고 들린 카페는 조용했다. 커피를 시켜놓고 카페 바깥에 마련된 벤치에 앉아 크고 작은 섬들과 하늘 가득한 흰 구름 사이로 조금씩 드러내는 푸른 하늘을 눈에 담으며 차를 마셨다. 그 기분은 느껴본 사람만이 알 수 있는 행복이다.

언덕 아래에 자리 잡은 붉은색 지붕의 몇몇 펜션들, 연초록의 바다와 진초록의 섬들, 그 위에 떠 있는 흰 구름들 사이로 비치는 파란 하늘은 너무도 평화롭고 아름다웠다.

"한 잔의 커피를 통해 즐거움과 행복이 때론 위로가 될 수 있는 당신만을 위한 커피를 만들어드리겠습니다"라는 카페의 글귀도 마음에 들었다.

카페 엘가를 나와 한적한 해안가 시골 풍경을 즐기면서 섬과 섬 사이를 달려 산행 출발지인 금산탐방지원센터 주차장에 도착했다. 산을 오르기 전, 선배의 설명에 따라 도선바의, 쌍홍문, 제석봉, 일월봉, 단군성전, 헬기장, 상사암, 금산정상, 보리암을 거쳐 원점회귀하는 코스로 오르기 시작했다. 드디어 들머리서부터 잘 정비된 돌계단을 따라 걷는다.

활짝 핀 진달래와 산수유를 보면서 40여 분쯤 걸었을까, 도선바위가 나오고, 다시 30여 분을 걸어 다리를 건너니 암벽으로 된 두 개의 문이 나타났다. 쌍홍문이다. 돌문 안으로 고개를 숙이고 들어가니 속이 텅 비었다.

천정을 보니 구멍이 뚫려 푸른 하늘이 보였다. 일행은 다양한 포즈로 사진을 찍으며 인생 샷을 남겼다. 쌍홍문을 지나 왼쪽으로 조금 걷다 보니 제석봉이 나왔다. 제석봉에는 무당의 신인 제석님이 내려와서 놀았다는 전설이 전해지고 있다. 바위에 올라서니, 암벽의 절경이 한눈에 들어온다. 제석봉을 지나 금산산장을 내려다보며 단군성전으로 향했다.

단군성전은 금산 정상에 오르는 길목에 있어서 잠시 들렀다 가기가 좋다. 단군성전을 둘러보고 나와 헬기장에서 잠시 걸음을 멈춰 물 한 잔을 나누고 상사암에 도착했다.

상사암에 얽힌 전설은 많지만, 그보다는 끝내주는 절경이 단연코 최고다. 주위가 온통 기암괴석을 이루고 있으며 특히 여덟 선녀가 내려와 놀았다는 기암지대 '팔선대'가 예사롭지 않다. 상사암 전망대에서 바라본 두모마을은 남해바다를 안으로 끌어들여 하나가 된 것 같다. 상사암의 주변 경관을 배경으로 일행은 여러 차례 사진을 촬영했다. 사람이 곧 풍경이라 생각하기 때문이다.

상사암 부근 시야가 확 트인 곳에서 남해바다를 바라보며 준비해온 꼬마김밥으로 늦은 점심을 먹었다. 김치 하나만 있어도 임금님 수라상이 부럽지 않았다. 게다가 후배가 집에서 내려온 커피 한 잔은 산향(山香)과 어우러져 입안을 맴돌았다. 잠시 휴식을 취하면서 바라본 금산의 절경은 신이 인간에게 내려준 선물이라는 생각이 들었다.

일행들은 능선을 따라 빠른 걸음으로 10분 남짓 걸어서 금산의 정봉에 도착했다. '명승 제39호 남해 금산' 표지석에서 인증샷을 찍고 남해바다를 배경으로 봉수대에서 또 한 번의 기념촬영을 했다. 이어 보리암에 들러 굴속의 부처와 해수관음보살상, 삼층석탑을 둘러봤다. 금산 보리암은 강화도의 보문사, 양양의 낙산사와 함께 우리나라 3대 불교 기도처로 소문난 사찰이라고 알려져 있다.

금산은 한려해상공원 내에 있는 유일한 산악공원으로 그 모습이 금강산과 닮았다 하여 소금강 또는 남해 금강으로 부르고 있다. 넘어가는 해를 보며 일행은 걸음을 서둘러 금산탐방지원센터 주차장에 도착했다.

폭풍이 지나간 금산은 맑고 푸르렀다.

(중략)

남해 금산 푸른 하늘가에 나 혼자 있네
남해 금산 푸른 바닷물 속에 나 혼자 잠기네

이성복 시인의 시, <남해 금산>이 써질 수밖에 없는 분위기를 느낄 수 있었다.

산의 쌀쌀한 기운이 조금 있었지만, 산을 오르는 동안 땀이 내내 흘렀다. 탐방센터에서 쌍홍문과 금산 정상에 올랐다가 보리암을 거쳐 원점 하산하는 코스는 보통 3시간 정도가 소요된다. 일행은 매주 등산을 하지만 시간에 얽매이지 않아서 좋다. 등산은 나름 모두가 베테랑급이지만 풍광을 즐기며 전망이 좋은 곳을 찾아 사진도 찍고 점심도 즐긴다. 그래서인지 매주 떠나는 등산은 여행이자 즐거움이다.

  해가 지고 금산 보리암에 등불이 조금씩 켜지는 것을 바라보며, 늦은 저녁 인근 상주해수욕장에서 멸치정식과 물회로 저녁을 먹고 경쾌한 음악을 들으며 귀갓길에 올랐다. 산은 정상에 오르면 내려와야 한다. 우리네 인생도 정점에 이르기 전에 새로운 길을 찾는 지혜로움이 있어야 하지 않을까 싶다.

설국 울릉, 성인봉에 빠지다

- 2022.01.26 -

나는 방랑자며 산을 오르는 자다. 나는 평지를 사랑하지 않으며, 오랫동안 한자리에 가만히 잊지를 못한다. (중략) 인간이란 결국 자신만을 체험하는 존재가 아닌가.

《짜라투스트라는 이렇게 말했다》에서 니체가 한 말이다. 등산은 인생과 같다. 누구에게나 주어지는 것이고, 주어진 대로 살아갈 수밖에 없는 게 인생이다.

1월 셋째 주 토요일, 울릉도 성인봉에 오르기 위해 포항 영일만항에서 뉴시다오펄 크루즈에 몸을 실었다. 태어나서 처음 떠나는 울릉도행이다. 새벽 0시 30분 영일만항을 출발한 크루즈는 아침 7시께 사동항에 도착했다. 출발 시 잠시 배 흔들림에 속이 울렁거렸지만, 다행히 곧 진정되었다.

커피 한 잔을 나누며 일행과 잠시 수다를 떨다가 곧 잠자리에 들었는데, 환풍기가 없는 좁은 선실의 탁한 공기. 후덥지근한 열기로 속이 메스꺼워 밤새 침실에 있기가 힘들었다. 아침에는 살짝 두통이 일기까지 했다.

울릉도는 겨울철이면 설국으로 변한다. 이런 이유로 예전에는 울릉도와 육지를 잇는 뱃길이 자주 끊겨 겨울 관광지로서의 여건이 미비했다. 하지만 지난해 9월 취항한 1만 2,000t급 대형 크루즈의 운항으로 겨울 설국을 보기 위한 관광객들의 발길이 늘고 있다. 울릉도는 포항에서 217km 떨어져 있는 곳으로 동해 먼바다의 파도는 바람이 강하면 3~5m에 이른다.

마중 나온 후배의 승합차로 숙소에 도착해서 짐을 내려놓고 잠시 쉬었다가 근처 공항식당에 아침밥을 먹으러 갔다. 정식뷔페로 간단히 먹었는데 특히 뭇국이 맛있었다. 식사 후 다시 숙소에 와서 두어 시간 휴식을 취하고, 승합차로 일주도로를 따라 달리며 울릉도 절경에 빠져들었다. 후배의 안내로 경치가 좋은 곳에서는 차를 세워두고 휴대폰으로 사진촬영을 했다.

울릉도는 걷기여행의 천국으로 알려져 있다. 산과 바다가 어우러진 일주도로를 걷다 보면 국내가 아닌 이국에 와있는 듯한 착각이 든다. 짙은 망망대해, 바다 풍광에 반한 세 명의 선녀가 바위가 되었다는 전설이 내려오는 삼선암, 관음도 앞바다는 황홀한 에메랄드빛을 볼 수 있는 곳이다. 뾰족한 바위 하나가 기둥처럼 솟은 일선암을 지나면 울릉도 최고의 절경인 북면해안이 나온다. 바다에서 눈길을 반대로 돌리면 산비탈이다. 산비탈을 따라 굽이굽이 돌다 보면 죽도와 바다의 풍광이 가히 환상적이다.

울릉도의 해안도로는 달리다 보면 어디서도 볼 수 없고. 어디서도 느낄 수 없는 많은 감정이 떠오른다. 울릉도의 깊은 속살을 볼 수 있는 얘깃거리가 구석구석 가득하다.

울릉도 내 유일한 분지인 나리분지로 가는 길에는 트레킹 마니아들이 눈길을 걸으며 언덕을 힘들게 걷고 있는 모습이 보인다. 분지에 들어서니 마치 설국에 온 것 같은 착각이 든다. 선배와 차에서 내려 푹푹 빠지는 눈 속을 걸으며 대자연과 하나가 된다. 눈 위에 퍼질러 앉아 사진도 찍고 분지를 둘러싸고 있는 눈 산을 마음껏 즐기며 잠시 동심에 빠져들었다.

나리분지는 성인봉 북쪽의 칼데라 화구가 함몰되어 형성된 화구원으로 해발 500m에 위치하는 울릉도 내 우일한 평지다.

나리분지에 있는 산채비빔밥식당에 들러 산채비빕밥과 오징어전, 라면을 시켜서 점심을 먹는다. 김치와 몇 가지 나물 반찬이 나왔다. 처음 먹어보는 눈개승마무침을 비롯해 미역취, 명이, 부지깽이 나물이었다. 울릉도 특산물로 알려진 나물들이 입맛을 돋웠다.

나리분지를 벗어나오는 길에 독도박물관에 설치된 케이블카에 올라서 저동과 도동 일대의 경관을 조망하고 전망대에 올라 울릉 앞바다를 배경으로 사진도 찍고 경관을 맘껏 즐긴다. 독도박물관을 뒤로하고 저동에 소재한 삼광식당에서 저녁밥을 먹었다. 처음 먹어보는 따개비 칼국수는 별미였다. 저녁 식사 후 숙소에서 따뜻한 물에 씻고 잠자리에 들었다. 맑고 오염되지 않은 공기, 평지가 거의 없는 산비탈, 작고 아름다운 섬들, 숙소에서 바라본 저동 앞바다의 풍경은 환상적이었다. 자리에 누워서도 머릿속에서 계속 아른거렸다.

다음날, 아침 8시에 일어나 커피 한 잔을 마시며 울릉 앞바다에서 떠오르는 해를 본다. 코앞에 펼쳐진 잿빛 바다와 구름 사이로 해는 붉은 자태를 뽐내며 천천히 그 위용을 드러낸다. 커피 한 잔과 아름다운 음악의 선율이 더해져 오감이 작동한다. 하루의 시작을 일출과 함께하며 성인봉 입구로 향했다.

9시 10분, 같이 간 선배와 울릉도에 사는 후배의 차량으로 KBS 중계소 근처 주차장에 차를 세워놓고 겨울산을 오르기 위해 아이젠과 패치를 착용하고 등산화 끈을 단단히 맨다. 길을 따라 올라갈수록 쌓인 눈이 많아진다.

온 산을 가득 채운 눈밭을 걸으면 두 다리가 푹푹 빠진다. 1m 이상 쌓인 눈 위에 고로쇠나무가 옷을 벗고 두 팔을 벌리고 당당하게 서 있다. 가끔씩 나타나는 이정표도 정겹다. 눈길을 헤치며 오르다 보니 정자가 나온다. 표시판을 보니 성인봉까지 남은 거리는 1.39km다. 가파른 길을 지나면 계단이 나오고 이어 급경사 길도 나온다. 1m 이상 쌓인 눈길 속을 걸으니 마치 설국에 온 것 같다. 성인봉 0.81㎞를 앞두고 안평전에서 물 한 모금 마시고 잠시 쉰다. 선후배와 사진을 찍고 다시 산을 오른다.

눈길에 잠시 길을 잘못 들었지만, 방향을 바로 잡고 발걸음을 재촉한다. 뒤를 따르던 산꾼들도 우리 일행을 따라 올라오는 모습이 보인다. 길이 보이지 않는 눈밭 길은 여차하면 엉뚱한 곳으로 가서 사고가 일어날 수도 있다. 허리까지 빠지는 눈길을 헤치며 오르는데 땀이 소나기처럼 흐른다. 포근한 날씨에 바람 한 점 없다. 선두의 선배를 따라 한 발씩 옮기면서 나뭇가지에 밤새 서린 서리가 하얗게 얼어붙어 마치 눈꽃처럼 피어있는 상고대를 마음껏 보고 즐긴다.

드디어 정상, 성인봉에 오른다. 정상석에는 986m라고 적혀 있지만 실제로는 984m라고 한다. 일행 세 명은 인증샷과 개별 사진도 찍는다. 정상아래 사방으로 펼쳐진 울릉도 전경을 감상한다. 운무에 둘러싸인 울릉도는 신선이 사는 나라처럼 느껴진다. 멀리 하늘의 구름과 바다의 조화가 환상적이다. 한참을 보고 있으니 빠져들어 갈 것 같다.

울릉도는 우리나라에서 맑은 날이 가장 적은 지역으로 연간 50일 정도라고 한다. 검푸른 바다 사이에 떠 있는 눈 덮인 죽도, 삼선암, 나리분지에 정겹게 붙어있는 몇 채의 집들과 바다를 보며 살아 있어 이런 날이 있음에 감사한다. 성인봉에서 본 울릉설국을 글로 모두 나타낼 수 없음이 아쉽다.
 언제 다시 올지 모르겠지만, 최고의 겨울 산행이었다. 올라갈 때보다 하산할 때는 더 깊이 눈 속에 빠진다. 눈 속을 헤치며 썰매를 타며 미끄러지듯 내려와 출발지에 도착했다. 대기해 놓은 승합차를 타고 숙소로 향한다.

 문득 "기적은 하늘을 날거나 바다를 걷는 것이 아니라 땅에서 걸어 다니는 것이다"라는 중국속담이 떠오른다.

 겨울산의 백미는 뽀드득 눈 밟는 소리, 눈꽃이 가득 핀 설경, 사방팔방에서 불어오는 칼바람이다. 그 중에서도 해발 1,000m 이상에서 극한의 추위를 견뎌야 핀다는 설화(雪花)는 자연이 만든 예술작품이다.

 울릉도 성인봉 산행을 마치면서 '이보다 더 좋을 수는 없다'는 말을 떠올렸다. 겨울산을 걷다 보면 나무에 엉겨 붙은 하얀 보석이 발길을 더디게 하지만 신선이 되어 하늘을 걷는 기분이다. 겨울 성인봉은 그 자체가 예술이다.
 성인봉 눈꽃산행의 끝은 따스했다. 스스로 일하면서, 일하는 기쁨을 느끼며 살다가 가끔씩 겨울 설산(雪山)을 찾는 것이야말로 인생 최고의 행복이라는 생각이 든다. 살아있어 이렇게 멋지고 아름다운 성인봉을 볼 수 있는 기회를 가졌다는 것에 감사한다.

신축년 첫 산행, 太白山을 다녀와서
- 2021.01.21 -

　새해 첫 주말, 이른 새벽 눈을 떴다. 새벽 6시에 출발하는 태백 산행에 동참하기 위해서다. 빠른 동작으로 배낭을 꾸리고 필요한 준비물을 챙겨 출발장소에 도착했다.

　만나기로 한 시간이 되자 매주 산행을 같이하는 산우(山友) 3명이 모두 모였다. 민족의 영산(靈山)이라 불리는 태백산에서 한 해의 처음을 여는 것은 여러모로 의미가 있다. 개개인의 건강과 소망을 태백산 산신께 빌며 지난 한 해의 힘들고 어려웠던 모든 일을 잊고 새로운 각오를 다짐하는 것이다.

　겨울산을 오른다는 설렘으로 출발을 서둘렀다. 두 시간가량 달리던 승용차를 잠시 휴게소에 세우고 따뜻한 커피 한 잔으로 몸을 녹였다. 그리고 나서 차는 다시 목적지를 향해 달리기 시작했다.

　태백산은 백두대간의 허리로써 전국 12대 명산에 꼽히며 가파르거나 험하지 않아 초보자나, 남녀노소 누구나 오를 수 있으며 가족 산행으로도 적합한 산이다.

도로에 차량이 많이 다니지 않고 일찍 출발한 덕분에 10시 30분이 채 못 되어 당골 주차장에 도착했다.

일행은 산행 인파들 속에 섞여 눈 덮인 태백을 반재, 망경사를 지나 천제단으로 오르기 시작했다. 다행히 아이젠을 착용해서 미끄러지지 않고 천천히 걸으면서 쉽게 산을 올랐다.

산을 얼마 오르지 않아 이마에 땀이 송송 맺혔다. 하늘을 향해 두 팔을 벌리고 키재기를 하는 자작나무들과 골골이 불어오는 골바람 소리에 시원히 퍼지는 사찰의 독경 소리는 피로한 현대인들의 심신을 깨끗하게 씻어주는 것 같았다.

태백산은 늦가을부터 늦은 봄까지 눈으로 뒤덮여 있어서 겨울 눈과 설화가 어우러져 동화 속의 환상을 느끼게 한다. 한참을 걷다 보니 청청한 푸름을 자랑하며 설화를 피워서 '살아 천 년, 죽어 천 년'이라는 주목이 군락을 이루고 있었다. 주목 군락 지역은 적설량이 많고, 바람이 세차서 눈이 잘 녹지 않고 계속 쌓이기 때문에, 바람이 눈을 날려 멋진 환상의 설화를 만들어 내고 있었다. 주목 속에서 우리 일행들도 한 폭의 한국화가 되었다.

망경대를 지나 오후 1시께 장군봉에 도착한 일행은 돌로 쌓은 사각형의 장군단을 구경했는데, 장군단은 민간인이 주로 이용했던 제례장소라고 했다. 장군봉에서 조금 떨어진 천제단은 태백산 정상(해발 1,560m)에 있는 둘레 27m, 폭 8m, 높이 3m의 원형 제단으로 개천절에 천제를 지내는 곳이다.

일행은 모두 합동으로 참배의 기도를 올렸다. 인증사진을 몇 장 찍고 내려와 망경대에 도착하니 2시였다. 망경사는 신라 시대 자장율사가 창건했다고 하며, 절 입구의 용정은 우리나라에서 가장 높은 곳에 있는 샘물로써 개천절에 올리는 천제(天祭)의 제수로 쓰인다고 한다.

다행히 날씨가 포근해서 망경대 마루에 앉아 점심을 먹어도 그리 춥지는 않았다. 중식을 마치고 나서 마시는 따뜻한 숭늉과 커피 맛은 최고였다.

중식을 마치고 일행은 하산을 시작했다. 태백산의 비경을 가슴 가득 담고 반재를 지나 내려오는데 산속에서 솟아 나오는 약수 한 모금은 정말 시원하고 달았다. 오후 3시가 조금 지나 당골 광장에 도착했다.

당골은 매년 개천절에 제를 올리는 단군성전이 있으며, 동양 최대의 석탄박물관이 있다. 우리나라의 유일한 에너지 자원이었던 석탄은 지금은 서서히 자취를 잃어가고 있지만, 그곳에서 석탄 문화의 흔적과 자료들을 찾아볼 수 있다.

상점에 들러 커피 한잔을 나누고 귀가를 서둘렀다. 동해안을 따라 계속 달려 송라면 화진리 횟집에 도착하니 저녁 8시였다. 군침 도는 물회를 시켜 깔끔하게 저녁을 마무리하니 더이상 부러운 게 없었다.

산은 우리에게 언제나 묵언(黙言)의 가르침을 준다. 그래서 산을 찾는 것이 아닌가 하는 생각이 든다. 정상에 오르면 반드시 내려와야 한다는 산이 주는 교훈을 우리는 귀를 열고 들어야 할 것이다.

문득 "세상에서 가장 큰 행복은 한 해가 끝날 때, 그해의 처음보다 더 나아진 자신을 느낄 때이다"라고 말한 톨스토이의 말을 떠올려본다. 신축년 1월 첫 주 태백산행을 마치고 하루를 되돌아보는 시간이 참 행복하다는 생각이 든다.

봄의 정취를 안겨준 진해 웅산
- 2018.03.14 -

봄비가 부슬부슬 내리는 3월의 흐린 날씨 속에서 집을 나섰다. 효자를 지나 연일휴게소에서 15분간 쉬는 틈을 타서 준비 못 한 도시락 대신 김밥과 생수를 사서 배낭에 넣고, 선배들과 모닝커피 한 잔을 나눈 후 차에 올랐다.

오전 10시 30분 안민고개에 도착했다. 다행히 비는 오지 않았지만, 안개 때문에 전방 30m도 내다볼 수 없는 상황이었다. 그래도 산행은 순조롭게 진행되었다.

후배가 후미를 맡아 올라오고 선배를 비롯한 몇몇 친구들이 앞장서서 올랐다. 산행코스는 안민고개를 출발해 불모산 갈림길을 거쳐 정상에 올라 그곳에서 중식을 먹고, 천자봉을 지나 내려와서 만남의 광장에서 만나는 코스로 약 5시간 정도 소요되는 거리였다.

산에 오르자 처음부터 끝까지 운무에 휩싸여 산이 둥둥 떠다니는 것 같았다. 운무 속에서 섬처럼 혼자 유영하면서 '인생은 혼자 걸어가는 외로운 여정(旅情)'이라고 말한 계몽주의 철학자 루소의 말을 떠올렸다.

개개인의 삶은 누구나 혼자서 걸어가야 하는 외로운 여정이다. 하지만 같은 방향으로 동행하는 사람이 있다면 조금은 덜 외롭지 않을까? 인생의 선후배들도 산을 좋아하고 삶을 진지하게 살아가는 동행자일 것이다.

웅산에는 다양한 나무들이 많았는데 일일이 명찰을 달아 두어서 웅산(시루봉)에서 자라는 나무들의 종류를 알 수 있는 좋은 계기가 되었다. 사이사이 쉬면서 사탕과 과일을 나눠 먹고, 힘들 때마다 앞에서 당겨주고 뒤에서 밀어주며 하다 보니, 오후 1시쯤 선두에서는 정상 시루봉(703m)에 도착했다.

시루봉은 진해 시내에서 바라보면 산 정상에 우뚝 솟은 웅암(시루바위)이 마치 시루를 엎어 놓은 것 같다 하여 시루봉이라는 이름이 붙었다고 한다. 정상에 돌출한 시루바위는 보는 위치에 따라 마치 여인의 젖꼭지 같아 보이기도 한다고 한다.

정상 가까이에 만들어 놓은 나무계단을 한 계단씩 밟고 정상에 오르자 오를 때의 힘들었던 일은 사라지고 정상에서 선 사람만이 느껴보는 희열을 한껏 느껴졌다.

정상에 오른 후에 제각기 자리를 잡고 출출한 뱃속을 달래는 시간은 산꾼 최고의 즐거움이다. 정상에서 먹는 밥맛을 무슨 말로 표현하랴.

　　점심을 먹고 오후 2시경 정상에서 출발허 천자봉(502m)에 도착하고부터는 급경사 지대로서 비가 온 후라 몹시 미끄러웠다. 일행의 일부는 미끄러져 넘어지기도 하면서 어렵게 하산했다. 날씨가 좋았으면 진해 시내 너머로 보이는 진해만과 크고 작은 섬들을 바라보며 좋은 경관을 음미할 수 있었을 텐데 그러지 못해서 조금은 아쉬웠지만, 그런대로 괜찮은 산행이었다.

　　춥지 않아서 좋았고 안개 덮인 산 아래로 진해시가 먼 환상의 세계처럼 은은히 내려다보인 동경의 아름다움이 무엇보다 좋았다고나 할까? 만남의 광장까지 걸어오는 동안 길가에 조금씩 얼굴을 내민 벚꽃은 이른 봄의 정취를 안겨줬다.

　　만남의 광장에 도착한 시간이 오후 4시. 먼저 내려온 일행은 자리를 깔고 나중에 내려오는 사람을 기다렸다. 모두 내려온 뒤 귀로의 차 속에서는 아름다운 팝송이 흐르고, 노곤한 육체는 춘몽 속에 빠져들었다. 포항에 도착하니 거의 저녁 8시 가까이가 되었다.

　　함께 시간을 보낸 선후배, 동료와 다음 산행에서 다시 만나기로 하고 각자 집으로 향했다. 일행들의 뒷모습이 문득 낮에 길가에서 본 벚꽃처럼 아름답게 보였다.

맺/는/말

독자들께 감사드리며

지난해 지역 언론사 대표이사를 맡고부터, 새벽에 일어나 지역에서 발간되는 신문을 훑어보고 주요기사를 메모하는 일이 1년이 넘었다. 그러다 보니 세상 돌아가는 사정에는 밝아진 것 같다.

반면에 작가로서 역할은 갈수록 멀어지는 듯하다. 그러나 작가 정신으로 살려는 의지만은 분명하다.

최근 《난중일기》를 매일 읽으면서 이순신 장군의 단조로운 삶을 배우며 잃어가는 삶의 의미를 회복하고 있다. 그는 자신의 삶을 누구보다도 사랑하는 사람이었다. 자기 말에 책임을 지고 행동으로 실천한 지성인이었다.

이순신 장군이 매번 승리할 수 있었던 원동력은 자신의 마음을 단단히 다스릴 수 있었기에 가능한 일이었다.

늦게나마 이순신 장군의 삶을 배우고 있지만, 지금부터는 마침표 하나라도 내 의지에 따라 찍고, 사소한 말 한마디에도 스스로 책임지는 삶을 살도록 노력하고자 한다.

평일에는 바쁜 일과를 신문사 일로, 주말이면 즐거운 등산여행을 꾸준히 하고 있다.

《노후를 준비하는 삶》은 일상의 소회를 담은 글로 <대경일보>와 <경상매일신문>에 '愛竹軒 칼럼'과 '주말은 등산'이라는 이름으로 발표되었던 글이다. 주말이면 늘 함께하는 '산벗향' 식구들과 책이 나올 때마다 격려를 아끼지 않은 독자들께 감사를 드린다.

노후를 준비하는 삶

초판 1쇄 발행 2024년 10월 01일

지은이 허경태

펴낸이 류태연

펴낸곳 렛츠북
주소 서울시 영등포구 문래북로 116, 1005호
등록 2015년 05월 15일 제2018-000065호
전화 070-4786-4823 ｜ **팩스** 070-7610-2823
홈페이지 http://www.letsbook21.co.kr ｜ **이메일** letsbook2@naver.com
블로그 https://blog.naver.com/letsbook2 ｜ **인스타그램** @letsbook2

ISBN 979-11-6054-725-2 (03810)

- 이 책은 저작권법에 따라 보호를 받는 저작물이므로 무단전재 및 복제를 금지하며, 이 책 내용의 전부 및 일부를 이용하려면 반드시 저작권자와 도서출판 렛츠북의 서면동의를 받아야 합니다.

- 잘못된 책은 구입하신 서점에서 바꾸어 드립니다.